Heinz Behrends

Worte sind wie Brücken

Schritt für Schritt dem Himmel nah

HEINZ BEHRENDS

Worte sind wie Brücken

LVH

Hgg. von Jan von Lingen
unter Mitarbeit von Sophia von Lingen und Peter Büttner

Evangelische Kirche im NDR
und
Ev.-lutherischer Kirchenkreis Leine-Solling

Hannover/Northeim, 2014

Bibliografische Information der Deutschen Nationalbibliothek

Die Deutsche Nationalbibliothek verzeichnet diese Publikation
in der Deutschen Nationalbibliografie; detaillierte bibliografische Daten
sind im Internet über http://www.d-nb.de abrufbar.

© Lutherisches Verlagshaus GmbH, Hannover 2014
www.lvh.de
Alle Rechte vorbehalten

Gesamtgestaltung: Sybille Felchow, she-mediengestaltung, Hannover
Umschlaggestaltung unter Verwendung von: oly5 | fotolia.com
Druck und Bindung: CPI books GmbH, Birkach

ISBN 978-3-7859-1186-0

Printed in Germany

Inhalt

VORWORT 9

ERÖFFNUNG
Ich habe ein Leben lang gesät 11

IM AUF UND AB DES LEBENS
Mein geklautes Fahrrad 12
Herr Schubert verschenkt sein Auto 13
Unglück ist auf der kleinsten Stelle 14
Ich bin noch nicht ganz wieder bei ihm 15
Familie im Umbruch 16
Sascha wird „freigesprochen" 17
Unsere Mutter war eine starke Frau 18
Ein Platz für gute Erinnerungen 19
Unser Opa war ein SS-Mann 20
1945: Es fällt ihr schwer zu erzählen, was damals geschah ... 21
When I´m 64 22
Mit Humor auch das Schwere ertragen 23
Der Zug der Kraniche 24
Im Himmel gelten andere Werte 25

RUND UM DEN KIRCHTURM
Unsere Glocke muss doch läuten 26
Der Glockenlauf 27
Zeit schenken hat seine Grenzen 28
Wir wollen unseren Pastor behalten 29
Wir brauchen die Pastoren 30
Ein Dorf kämpft um die Kirche 31
Mit einer Stiftung in die Zukunft 32
Bratwurst und Gebet 33

BEGEGNUNGEN, DIE BERÜHREN
Kühe schlachten für Kredite? 34
Herr Schmidt hat das richtig gemacht 35
Es ist ein gutes Krankenhaus 36
War ja bei euch wie bei Jesus 37
Apfelstrudel mit Sahne 38

EINBLICKE IN DIE BIBEL
Worte sind wie Brücken … 39
Nach der Arche kommt das nächste Schiff … 40
Eine Frau kämpft für ihr Recht … 41
Maria und die Beatles … 42
Unsere Kinder brauchen Religion … 43
Jesus und seine Familie … 44
Habe Flasche wieder voll … 45
Warum nicht ein „Mutterunser" beten? … 46
Was ist ein gerechter Lohn? … 47
Der blinde Bartimäus kämpft … 48

PSALM 23: VARIATIONEN ÜBER EINEN PSALM
Die grüne Aue: Erste Schritte in der Kindheit … 49
Die rechte Straße und die Suche nach einem Beruf … 50
Das finstere Tal in der Lebensmitte … 51
Der gedeckte Mittagstisch … 52
Bleiben im Hause des Herrn, wenn wir unser Haus verlassen … 53

HIMMLISCHE LOVESTORIES
Wo zwei beisammen liegen … 54
Jetzt kommen die Alten … 55
Klären statt anschweigen, reden statt lügen … 56
Vertraute Fremde oder: Die Liebe gibt niemals auf … 57
Er hat eine andere … 58
Spucke drauf, wenn´s weh tut … 59
Mit 84 noch Sex? … 60
Mein Mann guckt Sexfilme … 61

VON WASSER UND SALZ
Es regnet und regnet … 62
Alles Leben fließt … 63
Der Ozean in uns … 64
Seid wie Salz – und seid barmherzig! … 65
Meine Liebe ist größer als … … 66
Selig sind … … 67

WIR SIND EINE FAMILIE
Stand by me … 68
Eine Familie ohne Liebe … 69
Konfirmation in Jeans und Turnschuhen … 70
Die Liebe wird den Sohn retten … 71
Eine Sünde, die Leben zerstört … 72
Der Hund hat mich nach Russland geschickt … 73
Am Esstisch fängt die Liebe an … 74

VON KRANKHEIT UND ALTER
Auch Männer haben ihre Wechseljahre … 75
Andere glauben für Dich … 76
Die Kraft geprägter Worte … 77
Was ich am Ende brauche … … 78
Dement – und unvergessen … … 79
Umarmt und fest gehalten … 80
Ich bleibe bei Dir … 81
Wo ich Zuhause sein kann … 82
Herbert Grönemeyer und ein schwieriger Weg … 83

DU STELLST MEINE FÜSSE AUF WEITEN RAUM
Der Rucksack ist gepackt … 84
Friedensdienst für Ljuba … 85
Ein Stück Himmel im blauen Haus … 86
Benevidis kann nichts Böses tun … 87
Vater, es geht nicht mehr! … 88
Fatima hat ihren Platz gefunden … 89
Dschihad bedeutet: „Große Anstrengung" … 90

ZUM ABSCHIED
Der Zug der Wildgänse formiert sich neu … 91

Vorwort

Von Hinhörern und einem Hingucker

NDR 1 Niedersachsen ist der meistgehörte Radiosender im Land. Klar, dass die Hörerschaft nach Interessen, Alter, Hörgewohnheiten entsprechend breit aufgestellt ist. Vor Jahren wurden vorwiegend deutsche Schlager gespielt. Da konnte man ein an regionalen Themen interessiertes älteres Publikum ausmachen. Aber inzwischen hat er seine „Musikfarbe" geändert. Internationale Titel sind in der Mehrzahl. Und die Hörerschaft ist dem Sender treu geblieben. NDR 1 Niedersachsen ist weiter die Nummer 1 im Sendegebiet.

Hier Rundfunkandachten zu sprechen, ist eine hohe Kunst. Den Autorinnen und Autoren wird abverlangt, geistliche Impulse an Alltagserfahrungen anzudocken. Erfahrungen, die jede und jeder schon einmal gemacht hat oder für vorstellbar hält. Schließlich sollen die Hörerinnen und Hörer dranbleiben und hinhören.

Die in diesem Buch vorgestellten Texte aus 25 Jahren sind solche Hinhörer. Geschrieben von dem langjährigen Andachtssprecher Heinz Behrends. Heinz Behrends war bis zu seiner Verabschiedung im September 2014 Pastor in Northeim und Superintendent im Kirchenkreis Leine-Solling. Das Hinhören fällt leicht, weil Heinz Behrends eine besondere Begabung hat, alltägliche Begegnungen geistlich zu deuten. Unprätentiös, nie gestelzt, ohne jeden Besserwisser-Gestus werden Momentaufnahmen des Alltags mit biblisch-theologischen Einsichten verknüpft.

Heinz Behrends ist im wahrsten Sinne des Wortes ein Hingucker. Er ist nie lediglich Beobachter fremden Lebens. Man nimmt es seinen Texten ab, dass er an den Begegnungen innerlich beteiligt ist. Man spürt seine Leidenschaft, das Leben und die Bibel gleichermaßen ernst zu nehmen und das eine durch die andere sprechen zu lassen. Er hat einen ausgeprägten Sinn für Momentaufnahmen mit großer Reichweite.

Große Reichweite wünsche ich auch diesem Buch. Heinz Behrends danke ich herzlich für seinen Brückenbauerdienst. Leserinnen und Lesern kann es Mut machen, selbst immer wieder genau hinzuhören, genau hinzugucken und in alltäglichen Begegnungen Gott bei der Arbeit zu beobachten.

Eckhard Gorka
Landessuperintendent des Sprengels Hildesheim-Göttingen

ERÖFFNUNG

Ich habe ein Leben lang gesät

Diese alte Wanne aus Zink habe ich noch genau vor Augen. Ich komme ja vom Bauernhof. Diese Wanne zum Säen meine ich. Der Bauer geht im Frühjahr aufs Feld, füllt aus dem vollen Sack die Wanne bis oben hin mit Samen, hebt sie an und legt den Gurt um seine Schultern. Die Wanne hat Gewicht, passt sich aber seinem Körper an. Durch die Einbuchtung auf der einen Seite liegt sie bequem auf dem Bauch des Säemanns.

Ich habe das Bild von zu Hause noch gut vor Augen. Früher war das so. Kein Trecker, keine Drillmaschine. Der Säemann ging zu Fuß übers Feld, griff in die Wanne, füllte seine Hände, holte weit aus und warf den Samen auf das Land. Großzügig, nicht abgezählt. Weite Schritte, großer Wurf. Wenn die letzte Wanne geleert war und das Feld bestellt, blieb er stehen und schaute sich seine Arbeit an. Zufrieden. Aber auch etwas einsam. Denn der Säemann geht mit leeren Händen nach Hause. Und dann wartet er auf die Blüte, auf die Frucht. Manchmal mehr als einen Winter lang. Kalte Zeiten hält die Saat aus. Viel innere Ruhe und Geduld braucht der Säemann.

Geduld brauche ich auch als Mutter und Vater. Habe vieles gegeben für meine Kinder, habe verzichtet und bekommen, habe meine Vorstellungen, wie sie werden sollen, gesät. Geduld brauche ich als Lehrerin, als Lehrer. Sperrig sind die Jugendlichen häufig. Sie bedanken sich selten gleich für alle Mühen, für alle Auseinandersetzungen. Und doch ist die Saat gesät. Geduld braucht der Prediger, der das Wort Gottes aussät. Der den Menschen erzählt – von Glaube, Liebe und Hoffnung. Geduld brauche ich selber schließlich auch am Ende meines Lebens.

Ich schaue auf meinen Acker. Die Wanne war voll, jetzt ist sie leer. Ich habe ein Leben lang gesät. Anderen geholfen, gute Worte gesagt, mich eingesetzt. Die Frucht? Man wird sehen. In einem Gleichnis hat Jesus das einmal so gesagt: Viel Saat verdorrt, wird zertreten, vertrocknet in der Sonne. Aber manche Saat fällt auf gutes Land, geht auf und wächst und trägt Frucht. Einiges dreißigfach, einiges sechzigfach und einiges hundertfach.

IM AUF UND AB DES LEBENS

Mein geklautes Fahrrad

„Mein Rad ist weg." Ich schaue von meinem Schreibtisch nach draußen und sehe: Mein Rad ist weg. Geklaut. So eine Frechheit, mitten in der Stadt, rings um uns herum viele Häuser, aber da klaut jemand mein Rad. Wann habe ich es zum letzten Mal benutzt? Klar, Sonnabend, Brötchen geholt.

Ich gehe gleich zur Polizei und melde den Diebstahl. Der Beamte fragt: „Wie teuer war das Rad?" – „1.300 €", ich rate seinen Blick und füge an: „Das haben wir uns letztes Jahr aus dem Erbe meiner Schwiegermutter gegönnt, mal wieder richtig weite Touren machen, was für die Gesundheit tun."

Mittags kommt meine Frau nach Hause, ich erzähle ihr aufgeregt. „Hattest du es angeschlossen?" „Na klar." „Richtig am Ständer?" „Nein", antworte ich kleinlaut.

Und wir fangen an zu klagen. „Oh nee, was ist das bloß für eine Welt! Selbst in unserer kleinen Stadt ist nichts mehr sicher." „Na gut, ein bisschen bekommen wir von der Versicherung wieder. Aber bitter, teures Lehrgeld. Aber wir wollen doch im Sommer wieder die schönen Radtouren machen", sage ich.

Fünf Wochen später ruft die Polizei an. „Bei der Spiritus-Apotheke steht ein Rad, fest angeschlossen, der ganze Korb voll Müll. Wir haben die Nummer geprüft. Das müsste Ihr Rad sein. Sollen wir den Bügel aufschneiden?" „Nein, warten Sie, ich prüfe mal mit meinem Schlüssel."

Ich gehe hin, Schlüssel passt. Ich schäme mich. Habe ich doch ohne Zögern über die schlechte Welt geschimpft und predige selber gegen Vorurteile. Und jetzt erinnere ich mich: Nach einer Sitzung beim Verkehrsverein war ich gleich wie gewohnt mit dem Mann von der Stadt zu Fuß nach Haus gegangen. Ich rufe bei der Polizei an und entschuldige mich. „Der Fall ist damit für uns erledigt", sagt der Beamte, „der ehrliche Dieb hat sich gemeldet."

Bei der Polizei ist also wieder alles klar, nur um meine Stadt tut es mir noch etwas leid. Bevor ich so etwas Schlechtes denke, hätte ich genauer schauen und nachdenken müssen. „Ist es recht", fragt die Bibel, „dass Ihr urteilt mit bösen Gedanken?"

Herr Schubert verschenkt sein Auto

„Mein Auto habe ich meiner Enkeltochter geschenkt, die kann es gut gebrauchen. Die hat einen langen Weg zu ihrer Lehrstelle", sagt der alte Mann auf seiner Geburtstagsfeier. 84 ist er geworden, ein leidenschaftlicher Autofahrer. „Ich hätte es ja gerne bis zum 85. geschafft", fügt er wehmütig hinzu.

Er war immer gerne Auto gefahren, hatte den kleinen Wagen so sehr gepflegt mit Schwamm und Politur. Die Nachbarn brauchten keinen Kalender. „Heute ist Sonnabend, Walter Schubert wäscht sein Auto", sagten sie.

Aber der kleine Schlaganfall vor einigen Wochen hat alles verändert. Autofahren ging nicht mehr. Sieben Jahre war sein Auto alt gewesen. „15.000 km" stand auf dem Kilometerzähler, als er es seinem Großkind schenkte. 15.000 km in sieben Jahren, denke ich, das fahr ich als Superintendent in vier Monaten. Obwohl er nur 2.000 km im Jahr fuhr, mochte er nie auf sein Auto verzichten. Am Anfang ist er ja noch mit seiner Frau mit dem Auto zur Tochter nach Stuttgart gefahren.

Dann nur noch die kleinen Einkäufe, zum Doktor, zum Grab seiner Frau, zu den Kindern im Nachbarort. 2.000 km im Jahr. Am Anfang ist die Welt grenzenlos, dann fängt sie zu schrumpfen an. 2.000 km, dann die Zweizimmerwohnung oder 14 qm im Altenheim. Wie klein doch der Lebenskreis eines Menschen wird!

„Wenn ich hier allein sitze", sagt er, „dann lebe ich von meinen Erinnerungen. Wie ich mit meiner Frau jedes Jahr nach Österreich gefahren bin, wie wir auf den Berg gewandert sind, das sehe ich genau vor mir. Oder nach Hamburg ins Musical sind wir gefahren. Die Musik habe ich noch im Ohr. Dann wird meine kleine Bude ganz weit. Und immer öfter sage ich mir die alten Choräle auf, die summen richtig in mir und den Psalm 23, den sage ich Ihnen ohne Fehler auf, Herr Superintendent."

„Du machst mein Herz weit, Gott", denke ich. Das werde ich hoffentlich auch erfahren, wenn ich alt bin. Und sage: „Zum Wohl, Herr Schubert, auf ein gesegnetes neues Lebensjahr."

Unglück ist auf der kleinsten Stelle

Ein wundervoller Samstag-Morgen. Kurz vor acht. Kalte, klare Luft, eine strahlende Sonne liegt vor uns auf den Hügeln. Meine Frau und ich sind unterwegs zu einem Seminar für Erzieherinnen zum Thema „Tod". Wir fahren getrennt mit zwei Autos, weil ich früher als sie wieder zurück muss. Meine Frau fährt vor mir. Plötzlich fängt ihr Auto bei Tempo 100 an zu schleudern, fliegt dann von der Straße in die Böschung, dreimal dreht es sich noch, zurück auf die Fahrbahn, dann rammt es sich in den Graben. Ich rufe laut „NEIN". Mein erster Gedanke ist: sie ist schwer verletzt. Ich halte an, steige aus, renne hin. Meine Frau steht vor der Fahrertür, der Airbag qualmt noch.

Das Auto: Totalschaden. Aber sie völlig unverletzt: Ein Wunder. Wir nehmen uns fest in den Arm und atmen tief durch. „Was habe ich falsch gemacht?" fragt sie. Ich stelle ein Warndreieck auf, 100 m vor dem Unfall. Kann dort plötzlich kaum auf der Straße stehen. Blitz-Eis an dieser einen Stelle, trotz 4 Grad plus. Ich rufe die Polizei an. Der Beamte bittet um Geduld: „Wir haben heute Morgen viele Unfälle", sagt er. Eisglätte ist wie ein Blitz aufgetaucht, nur auf wenigen Metern.

„Unglück is up`n lüttjen Stee", sagte meine Mutter immer. „Unglück ist auf der kleinsten Stelle." Meine Mutter ist schon seit 35 Jahren tot, ihre Weisheit kam mir bei dem Unfall schlagartig wieder in Erinnerung.

Sie selber fiel damals über einen kleinen gefrorenen Erdklumpen, als sie über unsere Weide zum Bauernhof rüberging. Sie brach sich ihren Oberschenkel-Hals und lebte danach nicht mehr lange.

Unglück ist an der kleinsten Stelle. Wie schnell sieht das Leben völlig anders aus. Für einen Augenblick wurde mir das klar, als meine Frau in die Böschung prallte. Alle Pläne zerstört, alles schöne Leben vorbei.

Ich werde das nie vergessen. Unversehrt ist sie ausgestiegen. Wir beide nehmen uns fest in den Arm, allein zu zweit auf der Landstraße, in der kalten Morgensonne, umgeben von tausend Engeln. Meine Frau spricht laut ein Dankgebet „Herr Jesus, du hast mich gerettet, ich danke Dir!" Erleichtert spreche ich mit ihr das Amen. „Ja, du hast mir meine Frau ein zweites Mal geschenkt."

Ich bin noch nicht ganz wieder bei ihm

„Na, wie geht's Ihnen denn jetzt", fragt mich der Mann in meinem Alter – ich bin 63 – auf dem Wochenmarkt: „Ich hab von Ihrer Prostatakrebs-Operation gehört ..." – „Alles klar", sag ich: „Rechtzeitig erkannt ..."

Ich geh ja seit meinem 50. jedes Jahr zur Vorsorgeuntersuchung. Der PSA-Wert stieg letzten September, Biopsie gemacht, Krebszellen festgestellt. „Totaloperation empfehle ich", sagt der Doktor zu mir, „dann muss sich der Tod bei Ihnen mal eine andere Ursache suchen." Ich fand, das war ein klares Wort, drei Monate später OP, alles gut gelaufen. Vier Wochen danach wieder voll in der Arbeit.

Drei Monate danach, Ende März: Nachuntersuchung. Alle Krebszellen sind aus dem Körper raus. Heute, ein halbes Jahr später guck ich mich um und bin sehr nachdenklich. Ich hab das einfach durchgezogen, ohne nach links oder rechts zu sehen. Ist wohl meine Art. Aber mein Glaube ist nicht mitgekommen.

Ich habe gedacht, ich verschone den lieben Gott mit meinen Fragen. Mein Sohn hatte mit fünf Leukämie, meine Tochter mit 27 Lymphdrüsenkrebs in der Lunge und ich mit 62 Prostata. „Was soll das alles?" – Ich frag ihn lieber nicht. „Sie sollten fragen, was Gott Ihnen damit sagen will", sagt eine Kollegin zu mir, die ich gerne mag. „Seine Antworten könnten mir vielleicht nicht gefallen".

Ich durchschaue, was ich da mache. Stehe aber auch dazu. Bist ganz schön stolz. Ich brauche Abstand, damit ich da erst mal durchkomme. Muss ich mich dafür entschuldigen? Nein. Leben ist Kampf, für mich auch Kampf mit Gott. Den will ich durchstehen. Ich fürchte Patent-Antworten von anderen Leuten. „Sie müssen doch dankbar sein". Oder: „Wen Gott liebt, den züchtigt er."

Aber ich bin nicht zufrieden mit mir. Ich bin wieder gesund, aber mein Glaube hinkt hinter mir her. Ich lese die Bibel und die Losungen, ich predige, die Leute reagieren positiv. In gesunden Tagen an Gott festhalten, keine Kunst, denke ich. Bewähren muss sich dein Glaube jetzt.

„Ich bin noch nicht ganz wieder bei ihm", sag ich zu meiner Frau. „Er ist aber ganz bei Dir", ist ihre Antwort.

„Ja, und wenn ich einmal vor ihm stehe, dann werde ich ihn fragen. Oder vielleicht brauche ich gar keine Antwort mehr ..."

Familie im Umbruch

„Also, den Familiensegen kann ich Dir im Taufgottesdienst nicht geben", sagt er zu Simone, seiner ehemaligen Konfirmandin. Er meint damit den Segen, den er als Pastor am Ende einer Taufe immer spricht: Vater und Mutter stellen sich mit dem Kind vor den Altar und er segnet sie als Familie.

„Dir als alleinerziehender Mutter kann ich diesen Familiensegen nicht geben. Du bist keine Familie." Sie schluckt. Ihre Tochter Anna ist zwei Jahr alt. Der Vater kommt zwar zur Taufe, aber die beiden haben sich entschieden, nicht zusammenzuleben.

„Warum keinen Familiensegen?", fragt Simone, „Anna und ich, wir sind doch eine Familie." Am Ende verzichtet sie auf den Segen. Eigentlich steht ja meine Tochter bei der Taufe im Mittelpunkt. Da wird sie ja gesegnet.

Der Pastor hat nach dem Gespräch eine schlechte Nacht. Er selber ist geschieden, hat guten Kontakt zu seinen Kindern und seiner Exfrau. Er hat wieder geheiratet, eine Mutter von drei Kindern, die ihn Vater nennen. Er lebt ja selber nicht in der klassischen Familie. Kann man überhaupt zwei Familien haben?

Er hat noch nie darüber nachgedacht und er mag Simone. Er hat große Achtung vor ihrer Leistung, ihre kleine Tochter allein zu erziehen. Sie macht das sehr gut.

Am nächsten Morgen beim Frühstück schüttet er seiner Frau sein Herz aus. „Du bist ganz schön konservativ", sagt sie. Er holt Jesus zu Hilfe. Der hatte ja auch gesagt „Zu meiner Familie gehört, wer den Willen Gottes tut." Der Glaube, der uns verbindet, macht eine Familie, nicht die Blutsverwandtschaft.

„Okay", stimmt seine Frau zu, sie hatte als junges Mädchen ständig Ärger mit ihren Eltern gehabt und war in der Evangelischen Jugend groß geworden.

„Trotzdem", sagt sie, „Simone und Anna sind eine Familie. Du kannst die Mutter mit ihrem Kind gut segnen."

„Ich glaub", sagt er, „ich muss auf meine alten Tage noch viel lernen."

Sascha wird „freigesprochen"

„Du hast es ja doch noch geschafft. Gratuliere", sagt der Berufsschullehrer zu Sascha. „Ja, er hat noch die Kurve gekriegt", sagt seine Mutter neben ihm. Sascha lächelt etwas verlegen, aber sein Stolz ist nicht zu übersehen.

Wir stehen vor der Kirchentür nach der Freisprechung der Gesellen in St. Sixti in Northeim. Sascha gehörte zu den 96 Glücklichen, er hatte seine Prüfung als Maler bestanden und war nun Geselle.

Ich hatte die Kreishandwerkerschaft in die Kirche eingeladen. Sie hatten mich um die Festrede gebeten. Ich hab die Handwerker gelobt, dass sie Ausbildungsplätze für junge Menschen zur Verfügung stellen, jungen Menschen eine Chance geben, ihre Zukunft selber in die Hand zu nehmen.

Zugegeben: Ich hatte auch kräftig geschimpft – auf Politik und Spekulanten, die großen Banken. Sie treiben ihre Geldgeschäfte auf Kosten unserer Jugend. Sie verfuttern die Zukunft unserer Kinder mit den vielen Schulden, die sie machen. Billionen über Billionen auf der ganzen Welt. Wer soll das jemals wieder reinholen durch ehrliche Arbeit!

Kein Wunder, dass die Jugend überall aufmuckt. Das 4. Gebot „Du sollst Vater und Mutter ehren", meint einen Generationenvertrag, hatte ich gesagt. Wenn Eltern und Kinder sich nicht achten, hört das Leben auf. Gut, dass die Handwerksbetriebe das besser hinkriegen, die Alten und die Jungen.

Sascha hatte viel Hilfe erfahren, dass er es geschafft hat. Jetzt ist er frei gesprochen in der Kirche, seinen Namen hat der Kreishandwerksmeister aufgerufen. Dann hat die Zeitung ein Foto von ihm und den anderen gemacht. Der Altar von St. Sixti im Hintergrund. Wie eine zweite Konfirmation wirkt es auf mich.

„Übermorgen ist das Bild von dir in der Zeitung", sage ich zu ihm. Du hast es geschafft." – „Das Lernen ist ihm sehr schwer gefallen", erzählt seine Mutter. „Er wollte schon aufgeben. Geschwänzt hat er, wollte morgens nicht aufstehen. War harte Arbeit, aber sein Meister hat ihn nicht fallen lassen – und Sie auch nicht". Sie zeigt auf seinen Lehrer, der neben uns steht. Sascha hört genüsslich zu. Im 2. Lehrjahr hatte er den Ernst verstanden und ran gehauen.

„Hast du denn jetzt auch einen Arbeitsplatz?", frag ich etwas direkt und besorgt.

„Ja, mein Meister hat mir Arbeit in der Firma angeboten."

„Dann gratuliere ich doppelt."

Unsere Mutter war eine starke Frau

Sie war eine starke Frau. Ihre Mutter, die ihr eingenommenes Milchgeld in der Schürze aufbewahrte, sagte zu ihr: „Heirate ihn doch." Friedrich, den Knecht. Er war immer leicht kränklich gewesen und hatte um ihre Hand angehalten. Sie hatte noch keinen anderen Mann gehabt und heiratete ihn. Die Mutter kaufte ihnen einen kleinen Hof mit 10 ha Land und 10 Kühen, quasi aus der Schürze. Es fing alles gut an, der erste Sohn wurde geboren. Aber dann begann der Krieg. Er meldete sich gleich freiwillig als Soldat. Weg war er für sechs Jahre, in Stralsund, in Frankreich, im Bunker auf dem Heiliggeistfeld in Hamburg, während sie unter dem Beschuss der englischen Bomber die Kühe melkte und die inzwischen drei Kinder versorgte.

Als er zurückkam, wurde er unausstehlich. „Ich tauge ja nichts. Du hast den Hof mit in die Ehe gebracht. Von mir kommt nichts." Es wurde immer schlimmer. Er erzählte vom Krieg als von seiner besten Zeit. Er fing an zu trinken. Wenn er Sonntagsmittags um 2 Uhr mit einer Schnapswolke spät aus der Kneipe kam, stellte sie eingeschüchtert den vertrockneten Braten auf den Tisch. Manches Mal donnerte er ihn ohne sichtbaren Grund samt Teller in die Ecke. Die Kinder zogen sich verschreckt ins Schlafzimmer zurück. Er verbot ihnen das Spielzeug. Sie steckte es ihnen unter der Bettdecke wieder zu. Er missbrauchte seine Frau, er schlug sie. Kein Schrei, stumm ertrug sie es. An Scheidung dachte damals niemand. Wie sollte das auch gehen. Ohne Beruf, die Mutter inzwischen verstorben.

Ich muss das hier durchhalten um der Kinder willen, dachte sie. Tat alles, was ihr nur möglich war. Viele Jahre. Als schließlich der Hof lichterloh brannte, war ihre Kraft verbraucht. Kurz darauf blieb ihr Herz stehen und sie starb, noch keine 60.

Aber ihre Kinder waren inzwischen groß. Sie haben gesehen, was Gewalt und Unfriede anrichten. Sie machen es anders. Sie leben die Liebe in ihren Familien. Sie sagen: „Unsere Mutter war eine starke Frau."

In Psalm 79 heißt es: „Lass vor dich kommen das Seufzen der Gefangenen. Durch deinen starken Arm, Gott, erhalte die Kinder."

Ein Platz für gute Erinnerungen

„Ich kann nicht mehr, ich muss mit Ihnen sprechen", sagt die alte Frau am Telefon. Ich besuche sie gleich am nächsten Tag. Sie ist 95. Sie wohnt in einem wunderschönen kleinen Haus mit Blick ins Grüne ringsum. Eine Haushaltshilfe kümmert sich um sie. Ich kenne sie bisher nur flüchtig. Sie liegt auf ihrem Sofa und bricht sofort in ein bitteres Weinen aus, als ich eintrete. „Ich kriege keine Ruhe, ich habe mit meinen Kindern alles falsch gemacht!" sagt sie. Ich setze mich auf den Sessel gegenüber und muss mich erst einhören und frage: „Sehen Ihre Kinder das auch so?" „Nein, keine von ihnen. Aber ich habe mich schuldig gemacht. Dass ich hier so alleine liegen muss, ist die Strafe Gottes dafür." „Schuld ist aber immer konkret", wende ich ein, „was ist Ihre Schuld an den Kindern?" Ihr fällt nichts Nennenswertes ein. Ihr Problem muss woanders liegen. Wir kommen bald gemeinsam darauf. „Es ist die totale Verlassenheit", sagt sie. Ja, da liegt sie jetzt in ihrem Haus, hat mehrere Kinder und viele Enkel, alle berufstätig, alle weit weg, sie allein.

„Warum hat mir Gott alles Schwere nicht geschickt, als ich noch viel Kraft hatte?", fragt sie. Nun kann sie ihre Verlassenheit nur mit der Strafe Gottes erklären. Mich packt das ziemlich an. Da gibt es kein Beschönigen. Und nun zieht ihre liebste Tochter auch noch weit, weit weg. Nächstes Wochenende wird sie sich verabschieden, wohl für immer. Nun kommt der alten Frau alles hoch, die Einsamkeit, die Verlassenheit. Ich weiß gar nicht, wie ich sie richtig trösten soll. „Jesus ist ja bei mir", sagt sie selbst, „aber ...". – Ich versuche, ihr klarzumachen, dass ihre Situation keine Strafe ist. „Diese Grübeleien verscheuchen ja alle guten Gedanken", sage ich, „Sie haben doch viele gute Erinnerungen. Die müssen wieder Platz in Ihrem Herzen bekommen." – „Ja, da haben sie wohl recht."

Auf ihrem Tischchen sehe ich ein Buch über Katharina die Große, die russische Kaiserin. „Ich lese so gerne Lebensgeschichten", sagt sie, als ich mich von ihr verabschiede. Noch einmal schaue ich zurück auf das kleine Haus im Grünen. Die alte Dame winkt. Ich ahne, der Schmerz des Abschiedes bleibt ihr nicht erspart. Aber vielleicht kann sie ja bald wieder in Ruhe ihren guten Erinnerungen nachgehen und wieder in ihrem Buch weiterlesen.

Unser Opa war ein SS-Mann

Die Enkel besuchen die Oma gern und sie hören aufmerksam zu, wenn sie vom Großvater erzählt. Er lebt schon lange nicht mehr. Wenn die Oma auf den Krieg zu sprechen kommt, sagt sie jedes Mal: „Unser Vater war kein Nazi!" Er war Soldat und Übersetzer, erzählt sie. Die Enkel hatten ein sehr schönes Bild von Oma und ihrer Zeit und von der Familie. Die Eltern der Enkel, Omas Kinder, werden eher unruhig, wenn sie an ihre Familiengeschichte denken. Sie erinnern sich, wie Vater damals '49 aus dem Krieg zurückkam, kaputt und streng. Sie haben oft einen drüber gekriegt. Meistens war er ganz abwesend. Vom Krieg erzählte er nie.

So ein richtiger Vater war er nicht für sie gewesen. Darum gingen sie damals schnell aus dem Haus. Sie haben sich sehr gewundert, als Jahre später die kleine Schwester noch als Nachkömmling geboren wurde. Die wurde bevorzugt und durfte sich alles leisten. Die kleine Schwester bekam das wiederum zu spüren, als sie groß wurde. Bis heute sticheln die älteren Geschwister. Irgendein Geheimnis schlummert da in der Familie.

Den älteren Sohn ließ das nicht ruhen. Er fuhr in die Kriegs-Archive nach Berlin, nach Holland. Was er herausfand, war bitter. Vater hatte sich als SS-Mann Schlimmes zuschulden kommen lassen. Geredet hat er darüber nie, sondern hat seine ganz Liebe auf den kleinen Nachkömmling gelegt und so Neid zwischen seine Kinder gesät. Das wirkt bis heute.

Nun sitzen sie da. Vieles verstehen sie erst jetzt. Nach 60 Jahren ist ihre Geschichte nicht zu Ende, sondern fängt erst an.

Die Enkel sind unsicher, wenn sie ihre Oma besuchen. Was hat sie gewusst? Sie können nicht mehr hören, wenn sie sagt: Unser Vater war kein Nazi. Sie möchten ihr um die Ohren hauen, was sie jetzt wissen.

Die ganze große Familie hat sich zusammengesetzt und beraten. Großvaters Taten als SS-Mann verurteilen, ist schwer, sagen sie, wir kennen die Zeit damals nicht. Aber dass er geschwiegen hat! Damit hat er viel angerichtet. Jetzt ist er uns ganz fern und wir können nicht mehr mit ihm reden. Und auf unsere Mutter, unsere Oma, müssen wir uns ganz neu einstellen.

Das Schweigen wirkt 60 Jahre danach weiter und belastet Menschen, die zusammengehören wollen. Wie wahr das doch ist, was Jesus sagt: Die Wahrheit wird euch frei machen. Nicht die Lüge – die Wahrheit.

1945: Es fällt ihr schwer zu erzählen, was damals geschah ...

„Ich muss Ihnen noch kurz was sagen." Die alte Frau spricht mich an, als ich den Frauenkreis verabschiede. An diesem Nachmittag ging es um die biblische Geschichte einer Frau. Zwölf Jahre hatte sie an Blutungen gelitten. Und sie wurde geheilt. Eifrig hatten alle mitdiskutiert. Nur nicht die alte Frau. Über 80 ist sie jetzt.

„Wir waren froh, dass wir damals auf der Flucht monatelang keine Blutung hatten," erzählt sie. „Was hätten wir sonst bloß mit den Kindern gemacht". Dann verabschiedet sie sich. Ich verstehe nicht, was sie damit meint.

Erst als sie am nächsten Sonntag beim Tee nach dem Gottesdienst meiner Frau ihre Geschichte erzählt, fange ich an zu begreifen. 1945, auf der Flucht aus Ostpreußen wurde sie damals durch die russischen Truppen von ihren Eltern getrennt. Sie war gerade 18. Mit einigen anderen Mädchen versuchte sie, sich durchzuschlagen, wurde immer wieder aufgegriffen von Truppen, schließlich mit mehr als 500 jungen und älteren Frauen für Wochen in einem Lager festgehalten. Es fällt ihr immer noch schwer zu erzählen, was dort alles geschah. Sie kann es nur andeuten. Die Soldaten, die nachts zu ihnen kamen. „Wir sind fast verrückt geworden, waren wie erstarrt, vor Hunger ausgezehrt. Deshalb hatte ich Gott sei Dank monatelang keine Regelblutung. Was hätten wir sonst später mit den Kindern gemacht." Sie überlebte diese fürchterliche Zeit und fand 1946 im Westen ihre Eltern wieder. Die Frau hat dann später geheiratet und Kinder bekommen. Gut, dass sie jetzt davon sprechen kann.

Ich musste an sie denken, als ich den Fernsehfilm „Die Flucht" gesehen habe. Die Geschichte der Gräfin von Mahlenberg, die ihre Familie und ihr „Gesinde" von ihrem Gut in Ostpreußen in den Westen führt. Schwer anzusehen, was die alles erlebt haben. Alles auf wenige Wagen und Karren verpacken. Haus und Hof zurücklassen. Krepierende Pferde. Auf Eis übers Haff. Vergewaltigungen. Fliegerangriffe.

Der Film hat mich sehr bewegt. Es musste wohl eine lange Zeit vergehen, bis wir endlich darüber reden können.

When I'm 64

„Wirst du mich brauchen, wirst du mich füttern, wenn ich 64 bin?" „When I'm 64" sang Paul McCartney vor knapp 50 Jahren.
Sie sind alle 64 Jahre alt, die Samstag mit mir am Tisch sitzen, vor 50 Jahren an Palmarum in St. Sixti Northeim konfirmiert. Sie erzählen aus ihrem Leben. „Ich bin 42 Jahre verheiratet", sagt der eine und schaut stolz zu seiner Frau herüber. „Ich bin geschieden", sagt die nächste. „Ich kann nicht viel aus meinem Leben erzählen", ein Dritter. Könntest du doch, denke ich. Ich weiß, er war Busfahrer bei der Bahn. Und ein anderer sagt: „Ich habe damals Northeim verlassen und bin in die Medizin gegangen". Er verschweigt, dass er inzwischen einer der bekanntesten Herzchirurgen für Kinder ist.

Alle wirken zufrieden mit ihrem Leben. Ich frage sie nach ihrem Lebensmotto, das sie an ihre Enkel weitergeben würden: „Nimm Dein Leben in die Hand." „Nutze den Tag." „Nimm, wie es kommt." Sie betonen den Wert der Individualität. „Die 68er-Generation", denke ich. 1947 geboren, 64 Jahre Frieden und Wohlstand, ein ganzes Leben gute Voraussetzungen, das eigene Leben zu gestalten.

Am nächsten Morgen treffen wir uns zum Gottesdienst wieder. Ich zitiere das Lied von Paul McCartney. „When I'm 64". In meiner Predigt sage ich: es ist wichtig, dass ich rechtzeitig für meine Beziehungen sorge – in der Familie, zu Freunden, zu Gott. „Wirst du mich brauchen?" Ja, ich brauche Dich. „Auch wenn ich alt werde?" Ja! – „Wirst du mich füttern"? Ja, ich hoffe, dass ich das dann noch kann.

Als ich nach der Predigt jeden unter Handauflegen persönlich segne, fließen einige Tränen.

„So werdet Ihr in 50 Jahren auch aussehen", sage ich zu den Konfirmanden hinten in der Bank, „das macht doch Mut". Über ihr Gesicht geht ein cooles, leichtes Schmunzeln.

Mit Humor auch das Schwere ertragen

Der Mensch soll Gott danken für die guten wie für die schlechten Dinge in seinem Leben. So steht das im Talmud, dem jüdischen Buch, das das Alte Testament auslegt. Gott für das Schlechte danken? Nein, das kann ich nicht! So dachten auch die Juden. In Galizien hatten sie für solche Fragen einen Experten, Rabbi Sussja. „Sussja, wie stellst du es an, dem Herrn zu danken? Machen Dir Deine Leiden nichts aus?" – „Meine Leiden?", fragt Sussja, „welche Leiden? Ich kenne keine. Ich bin glücklich, in einer Welt zu leben, die von Gott geschaffen und zur Fröhlichkeit bestimmt ist." Sussja fehlt nichts, er braucht nichts, er hat alles und sein Herz geht über vor Dankbarkeit.

Und damit sie wissen, was er meint, erzählt er ihnen die Geschichte von ihm und seinem Bruder, dem Rabbi Elimelech, wie sie damals im Gasthaus übernachten wollten. Sie waren unterwegs und stiegen eines Abends in einer Herberge ab, wo man gerade fröhlich und ausgelassen eine Hochzeit feierte. Angeregt vom Wein und vom Trubel beschlossen einige der Zechkumpane, sich noch einen kleinen Spaß zu machen. Sie machten sich an die beiden nichtgeladenen Gäste heran. Ohne zu fragen und ohne zu wissen warum, packten sie Sussja, zwangen ihn zu tanzen und rumzuhopsen, schubsten und verprügelten ihn, bevor sie ihn in seine Ecke zurückschickten. Sie hatten ihren Heidenspaß dabei. Eine Stunde später fingen sie wieder an, dasselbe von vorne, und noch mal und noch mal, bis spät in die Nacht.

„Warum wirst immer du, immer nur du gequält?", flüsterte Elimelech. „Das ist der Wille der Himmels", stöhnte Sussja. „Nein, sagt Elimelech, ich habe eine Idee. Tauschen wir den Platz. Sie sind so betrunken, das merken die gar nicht. Du wirst sehen, das nächste Mal werden sie mich nehmen." Die beiden wechselten die Plätze, aber Elimelech irrte, denn genau in dem Augenblick rief einer der Trunkenbolde: „Aber das sind ja zwei! Kümmern wir uns doch ein bisschen um seinen Kumpel?" Und wieder war Sussja dran.

Als sich die Quälgeister verzogen hatten, sagte er zu seinem Bruder: „Siehst du, alles steht geschrieben, wir können dagegen nichts tun." Sagte er und schlief gelassen ein.

Seine Haltung beeindruckt mich, obwohl: ich kann doch nicht einfach alles von Gott annehmen. Das wäre ja übermenschlich. Aber wie Sussja die Dinge mit Witz und Humor nimmt, das möchte ich auch lernen.

Der Zug der Kraniche

„Da sind sie wieder. Komm schnell mit raus", ruf ich meiner Frau zu. Wir rennen aus unserem Ferienhaus in Dänemark nach draußen vor die Tür. Das Kreischen hat mich aufmerksam gemacht. Ich zeige nach oben. Der erste Zug der Kraniche. Klasse, da sind sie. In diesem Urlaub sehe ich dann mehr Vogelzüge als jemals zuvor. Morgens, mittags, abends, manchmal zwei hintereinander. Züge über Züge von Kranichen, die vom Norden nach Süden ziehen, ohne müde zu werden.

Mich fasziniert das immer wieder: Ihre Formation, ihre Zielstrebigkeit, die wechselnde Führung an der Spitze, ihre Leichtigkeit im Flug am Himmel. Leichtigkeit? Das allerdings sehe ich dieses Jahr etwas anders. Weil ich im Frühjahr den Kino-Film über die Zugvögel gesehen habe. „Nomaden der Lüfte" heißt er. Ein französischer Regisseur hat die Zugvögel drei Jahre auf ihren Flügen begleitet. Er hat besondere Kameras dafür entwickelt und die Vögel schon vor der Geburt im Ei an die fremden Geräusche der Menschen gewöhnt. Im Film fliegt man mit den Wildgänsen und Kranichen über Wüsten, Felder, Seen und Küsten und sieht die Erde mit ihren Augen.

Aber vor allem sieht man, wie anstrengend das Fliegen ist. Da quälen sie sich fast über 4.000 km bis zum Nordpol, um dort ihre Eier zu legen, auszubrüten, ihre Jungen aufzuziehen, das Fliegen zu lehren und mit ihnen im Herbst wieder in den Süden zu fliegen. Warum machen sie das alles? Der Film, der sonst mit wenigen Worten auskommt, gibt in seinem ersten und letzten Satz die Antwort: Es ist das Versprechen der Wiederkehr. Ich ahne, dass mich am Zug der Vögel mehr interessiert als ihr Flug. Sie werden mir eine Lebensweisheit. Aufbrechen zu dem Ort meiner Geburt, meine Herkunft suchen und neues Leben schaffen. Ist Leben wie ein Kreis, eine verlässliche Wiederkehr? Kehre ich gar im Alter zurück, woher ich komme? Ist dort meine Heimat?

Gewiss nicht für jeden von uns. Ganz schön belastet kann die Erinnerung an das Vaterhaus sein. Aber ich muss, je älter ich werde, immer wieder mit meinen Gedanken dorthin, woher ich komme. Auch wenn wie bei den Kranichen auf ihrem Zug auch Wind und Wetter mir entgegenwehen. Die Gedanken an meine Kinderzeit, die werde ich nicht los. Das finde ich gut.

Im Himmel gelten andere Werte

Steht ein Mann mit einem großen Sack voller Geld vor dem Himmelstor. Petrus öffnet das Tor. „Darf ich meinen Sack Geld mit rein nehmen?" – „Aber natürlich, bring ihn mit". „Na, ich war mir nicht sicher, weißt Du. Denn mein Pastor hat gemeint..." – „Doch, komm rein. Willkommen im Himmel! "
Der Mann ist erleichtert. Er schaut sich um und staunt. Schon steht er auf einem weiten Marktplatz. Er kommt an einen Marktstand und riecht herrliche Speisen – es duftet einfach himmlisch! „Himmel und Erde" heißt eine Speise, sie ist liebevoll aus Äpfeln und Kartoffeln zubereitet, erfährt er von einem freundlichen Engel, der sie verkauft. Daneben wunderbare Götterspeise! Schon läuft ihm das Wasser im Munde zusammen, so dass er seinen Sack Geld hervorholt. Doch als die Münzen in seinen Händen klimpern, verschwindet plötzlich der Marktstand. Ob es zu wenig war, was er bezahlen wollte? Vielleicht ist der Himmel ja einfach teurer, wer weiß?!
Da erlauscht er herrliche Musik! Harfen, Trompeten, glasklare Stimmen – noch nie zuvor hat er so eine sphärische Musik gehört. Beseelt wendet er sich an einen Engel, der – so scheint es – Eintrittskarten verkauft. Er zögert nur einen kleinen Moment, da zückt er einen seiner geliebten großen Scheine und will ihn dem Engel in die Hand drücken – da verstummt die Musik. Orchester und Chor sind verschwunden.
Seltsam! Der Mann schaut sich um. Na gut! Was soll´s. „Ein Fünfziger gespart heißt: ein Fünfziger verdient" – hat er nicht schon immer so gehandelt? Also zieht er weiter und überlegt: Wo bleibe ich jetzt eigentlich? Bis er plötzlich eine Wolke mit der Nummer 7 sieht. Hei, was für eine Aussicht! Nun – es ist Zeit, alles auf eine Karte setzen, beschließt er. „Da wird sich sicher ein Verkäufer finden", denkt er, als er seinen ganzen Sack voller Geld laut klimpernd vor die himmlische Pforte der Wolke 7 ausschüttet. Doch da – der Mann traut seinen Augen nicht – löst sich die herrliche Wolke in Luft auf!
Nun aber genug! So was hat er noch nie erlebt und würde es sich nicht bieten lassen – nicht einmal von den himmlischen Heerscharen. Er kramt all seine Münzen und Scheine wieder zusammen, stopft sie in den Sack zurück und zerrt ihn zu Petrus. „Was ist hier eigentlich los? Wieso kann ich nichts bezahlen?", fragt er mit hochrotem Kopf: „Ist Euch mein Geld nicht gut genug?"
„Ach, mein Lieber", antwortet Petrus, „das vergaß ich zu erwähnen. Wir haben hier im Himmel eine andere Währung. Hier zählt nicht das Geld, das du behalten hast. Wir nehmen nur das Geld, das du in Deinem Leben anderen gegeben hast."

RUND UM DEN KIRCHTURM

Unsere Glocke muss doch läuten

Es ist bitterkalt. Vor sechs Wochen war das und stockfinster. Ich klettere mit dem Kirchenvorstand vor der Sitzung auf den Dachboden der kleinen Kirche, einen Strahler in der Hand. Das Holz im Dachstuhl ist völlig verfault, der kleine Glockenturm ist provisorisch mit zusätzlichen Balken und Verankerungen gesichert. Sonst würde er runter stürzen. Alles ist stillgelegt. „Die Glocke muss unbedingt wieder läuten", sagen sie mir. Aber der Gutachter hat gesagt, 220.000 € koste die Renovierung des Dachstuhls. Wer soll das bezahlen? Tja, wer? „Aber im Herbst mussten wir unsern Nachbarn beerdigen. Es gab kein Totengeläut. Die Trauung im Sommer, wir durften nicht läuten. Das geht doch nicht. Als die Glocke noch um sechs abends läutete, mussten wir unsere Kinder nicht mal rein rufen, die kamen von allein." Mich beeindruckt, was sie sagen.

Wir haben mit den vielen Gebäuden in meinem großen Kirchenkreis zwischen Harz und Weser und dem wenigen Geld schwer zu kämpfen. Mehr als 100 alte Kirchen sind das. Wie sollen wir die alle erhalten? „Aber unsere Glocke muss doch läuten. Das ist das letzte, was uns auf den kleinen Dörfern noch geblieben ist."

Mich rührt das sehr an. Ich verstehe das. Die kleine Glocke da im Turm. Sie teilt das Leben mit dem kleinen Dorf. Sie teilt ihren Tag ein. Sie ruft die Kinder nach Hause. Sie sagt, wann Essenszeit ist. Sie begleitet sie, wenn sie Hochzeit feiern. Sie geht mit, wenn sie einen von ihnen zu Grabe tragen.

Da sagt einer von ihnen bei unserer Baubegehung: „Wenn der Turm zu schwach ist, dann holen wir unsere kleine Glocke da runter. Ich zimmere ein Gestell aus drei Telegrafenmasten und fertig ist der Turm", sagt einer der Männer. Klasse Idee, denke ich, ob's klappt? Aber wir brauchen ja eine Genehmigung!

Nein, wir brauchen Geld für die Reparatur. Aber woher sollen wir so viel bekommen? Auf jeden Fall wollen wir was tun. Der Pastor, mein Kollege, hat die Idee. Bis Ende Juni lassen wir uns Zeit, ob wir jemanden finden, der mit einer großen Summe einsteigt. Und wir selbst gründen im Dorf einen Förderverein. Und dann gibt die Landeskirche sicher auch noch was dazu. Wenn's so nicht geht, dann können wir das immer noch mit den drei Telegrafenmasten versuchen.

Mit diesen Verabredungen gehen wir auseinander. Die kriegen das hin, denke ich, und ich helf dabei mit.

Der Glockenlauf

In Moringen sind die Glocken kaputt. Für ihre Reparatur braucht die Gemeinde 42.000 Euro Spenden. Viele Aktionen lassen sie sich einfallen. Einen Sponsorenlauf für Kinder und Erwachsene zum Beispiel. Eine gute Idee. Du brauchst nur einen Paten, der für jede Runde, die du läufst, 50 Cent oder mehr bezahlt.

Alles ist gut vorbereitet. Tafeln, auf die alle Teilnehmer aufgeschrieben werden, Lautsprecher, Rückennummer für die Läufer, Kaffee, Kuchen, Bratwürstchen für die Zuschauer. Als erste sind die 6-7jährigen dran. Elf machen mit. Der Pastor gibt den Startschuss. Peng. Jan rennt sofort los, als käme es auf die Geschwindigkeit an. Seine Oma hat zwei Euro pro Runde versprochen. Die anderen hinter ihm her, jeder wie er kann. Einmal um die Kirche sind 200 Meter. Wenn die Kinder am Start- und Zielplatz an uns vorüber kommen, werden ihre Namen durchs Mikrofon gerufen und wir spornen sie laut an: „Bravo. Klasse. Lauf." Alle haben Spaß daran.

Ganz anders war die Stimmung vor einem Jahr. Die schlechte Nachricht über die Glocken hatte die Gemeinde böse erwischt. Bei einer Baubegehung wurde festgestellt: „Alle drei Glocken sind verstümmelt, die mittlere ist bedenklich geschwächt. Sie müssen nachgegossen werden." Von heute auf morgen mussten die Glocken abgestellt werden.

Keine Glocken mehr zum Gottesdienst, kein Hochzeitsgeläut. Wenn jemand zu Grabe getragen wurde, schwiegen die Glocken. Selbst die Kinder waren traurig. Wenn sie abends um sechs vom Spielen nach Hause mussten, hatten sie auf die Glocken gehört. Uhren hat man ja überall, aber Glocken sind doch was anderes. Man kann sie hören. Sie helfen, den Tag einzuteilen. Manche falten die Hände, wenn es läutet. Und darum müssen die Glocken wieder läuten...

Das findet auch Jan. Unermüdlich dreht er seine Runden um die Kirche. Am Ende bekommt er wie alle anderen seine Urkunde. „Teilgenommen am Sponsorenlauf für die Glocken", steht drauf. Ich gratuliere ihm. „Du bist aber prächtig gelaufen. Wie viele Runden waren es denn?"

„14", antwortet er stolz, „ich hätte noch viel mehr laufen können, aber meine Oma hatte kein Geld mehr."

Zeit schenken hat seine Grenzen

Bei uns in Northeim, in der Sixti-Gemeinde, gab es früher eine Zeitbörse. Was das ist? Du schenkst anderen Leuten Zeit mit dem, was du besonders gut kannst. Vorlesen, Holz hacken, Zuhören, Anträge ausfüllen, Einkaufen. Und andere nehmen diese Zeit in Anspruch. Leute, die Hilfe brauchen. Die Kirchengemeinde vermittelte das. Momo haben sie das genannt. Nach dem bekannten Kinderbuch, in dem ein Kind gegen die Zeiträuber kämpft.

Ein Kirchenvorsteher hatte mit anderen die Idee. Er kann gut organisieren, ist ein erfolgreicher Mann, sitzt in der Geschäftsleitung einer Firma mit 1300 Mitarbeitenden, 250 Millionen Umsatz, und ist ein glücklicher Familienvater mit drei kleinen Kindern.

Mehrere Jahre arbeitete er ehrenamtlich in unserem Kirchenvorstand, setzte viel ein, kam oft direkt von seinem Schreibtisch in der Firma zur Sitzung ins Gemeindehaus.

Er hat als Jugendlicher beim Kindergottesdienst mitgearbeitet und Konfirmanden-Freizeiten nach Südtirol begleitet. Das waren gute Erfahrungen mit der Kirche.

„In meinem Studium ist mir die Kirche weggerückt, am Anfang im Beruf auch", sagte er mir, „aber jetzt habe ich Familie und habe neue Fragen nach dem Glauben. Dafür tut mir die Arbeit in der Gemeinde gut. Und meine Frau unterstützt mich sehr."

Aber vor einiger Zeit sagte seine älteste Tochter: „Diese blöde Kirche! Immer bist du abends deshalb weg." Da ist der Papa nachdenklich geworden. Zeit schenken hat auch seine Grenzen. Seine Tochter soll doch auch gute Erfahrungen mit der Kirche machen wie er.

Für den neuen Kirchenvorstand, der gewählt wurde, kandidierte er deshalb nicht mehr. „Das kann ich zeitlich nicht mehr leisten." Aber Momo, die Zeitbörse, machte er noch eine Zeit lang weiter. Und für den Sonntagmorgen hatte er noch eine gute Idee: „Wir jungen Eltern tun uns zusammen, zwei von uns passen im Gemeindehaus auf die Kinder auf und die anderen gehen in den Gottesdienst. Da kommen wir zur Besinnung, und das tut uns gut."

Wir wollen unseren Pastor behalten

„Wir wollen unseren Pastor behalten", sagt der Bürgermeister. Auf einer kleinen Feier übergibt er dem Kirchenvorstand den Erlös des Weihnachtsmarktes. 2.500 Euro haben sie in dem kleinen Dorf mit 500 Einwohnern gesammelt. Frauen haben gebacken und gehandarbeitet, Männer haben gute alte Sachen für den Flohmarkt gesammelt. Die Vereine haben den Markt organisiert.

„Als ich sagte, dass wir vielleicht unsern Pastor behalten können, waren alle Vereine sofort dafür: der Erlös vom Weihnachtsmarkt soll dieses Jahr für unsere Kirchengemeinde bestimmt sein", fährt der Bürgermeister fort. Und dann wendet er sich zu seinem Pastor, er hat feuchte Augen dabei. „Ich danke Ihnen, Herr Pastor, dass Sie immer für uns alle da sind." Mein junger Kollege ist richtig angerührt.

Das ist schon ein besonderer Ort, dort in einem kleinen Seitental der Leine. Die großen Straßen gehen an ihm vorbei, aber sie halten zusammen. Vor fünf Jahren hat der Kirchenvorstand einen Förderverein gegründet, damit sie ihren Pastor behalten. Jede zweite Familie im Ort ist Mitglied. Aus Beiträgen und Spenden haben sie schon 25.000 Euro gesammelt. Ab 2006, hatte die Kirchenleitung gesagt, kann der Pastor nur bleiben, wenn sie die Pfarrstelle mitfinanzieren. Dann sind die Kirchenvorsteher von Haus zu Haus gegangen und haben überzeugt. Und der junge Pastor, ein bescheidener und feinfühliger Mann, besucht die Vereine, feiert mit ihnen Gottesdienste und geht zu ihren Festen. Den Pastor brauchen sie, weil er sich um ihre Seele kümmert. Was die in dem kleinen Tal an Nachteilen haben, machen sie durch Gemeinsinn wieder wett.

Und sie denken nicht nur an sich selbst. Denn der Bürgermeister begrüßt in seiner kleinen Rede auch den Professor aus der Kinderkrebs-Klinik in Göttingen. „Herr Professor", sagt er, „wir hätten Ihnen gerne für Ihre Arbeit für die kranken Kinder alles Geld aus unserem Weihnachtsmarkt gegeben. Dieses Mal brauchten wir es für unsere Kirche. Aber 500 Euro sollen auch für Sie sein. Ist ja nicht viel." „Doch, doch", antwortet der Leiter der Klinik, „ich finde das beachtlich, was Sie hier machen. Auf die Geldmenge kommt es nicht an, Hauptsache, Sie halten zusammen und Sie tun was. Das ist auch für meine Arbeit ermutigend."

Wir brauchen die Pastoren

„Herr Landesbischof, nehmen Sie uns bitte keine Pastoren mehr weg", sagt der alte Mann unter Tränen. Die anderen, etwa 20 Männer und Frauen aus der Gemeinde, nicken.
 Wir stehen in der kleinen Kirche in meinem Kirchenkreis. Der Landesbischof besucht uns vor den Sommerferien. Ich zeige ihm auf einer Rundreise einige unserer schönen Kirchen in den Dörfern im Solling. Die kleine Kirche hier gehört dazu – auf jeden Fall. Denn die kleine Gemeinde mit ihren 150 Mitgliedern liegt mir sehr am Herzen.
 Vor 10 Jahren war der Glockenturm morsch, es läutete nicht mehr zur Beerdigung, zur Hochzeit. „Wir müssen die Kirche schließen", hab ich gesagt, „250.000 DM für die Reparatur, das ist zu viel. Aber wenn Ihr einen Förderverein gründet, helfe ich Euch."
 Gesagt, getan. Eine junge Kirchenvorsteherin, Tierärztin von Beruf, nahm es mit Leidenschaft mit anderen in die Hand. Europamittel beantragt, der Kirchenkreis hat geholfen. Nach einem Jahr haben wir Wiedereinweihung gefeiert. Die Gemeinde lebte richtig auf. Die Küsterin öffnete die Kirche am Freitagabend. Menschen kamen zum Gebet zusammen, eine las die Bibel, ein anderer sprach einen Segen. Die Küsterin hatte alles wunderbar geschmückt mit Blumen aus ihrem Garten. Hinterher blieben sie zum Klönen noch zusammen.
 Die Pastoren konnten ja nur noch alle acht Wochen zum Gottesdienst kommen. Sparmaßnahmen. Wo früher vier Pastoren für 5.500 Menschen da waren, sind jetzt nur noch zwei für 4.400 und 8 Kirchen da. Aber die kleine Gemeinde traf sich auch ohne Pastor, doch die Zahlen ließen nach. „Manchmal bete ich hier Freitags ganz alleine", erzählt die Küsterin unserem Bischof. „Hier ist eine Hoffnung zerbrochen", fügt mein junger Kollege hinzu.
 „Herr Landesbischof, nehmen Sie uns bitte keine Pastoren mehr weg".
 Mir kommen auch fast die Tränen wie dem alten Mann. Ohne Pastoren geht es nicht.
 „Wir können nicht mehr weniger", sagt die junge Kirchenvorsteherin.
 Der Besuch des Bischofs hat ihr neuen Mut gemacht. „Wir brauchen die Pastoren, die Ahnung von der Bibel haben, die sie uns auslegen können. Wir brauchen Seelsorger in unseren Gemeinden. Es sind so viele einsam – auch auf dem Lande."
 Unser Landesbischof hört sehr intensiv zu und fährt nachdenklich wieder nach Hannover. Und ich bin stolz auf meine Leute, dass sie kämpfen für ihre Kirche und für die Frohe Botschaft, dass Menschen getröstet werden.

Ein Dorf kämpft um die Kirche

Es ist Sonntagmorgen und die Sirene heult im Dorf. Ich muss die Predigt im Gottesdienst unterbrechen. Ein Brand in der nahen Stadt ruft alle Feuerwehrleute zusammen. Ein junger Mann steht auf und geht mit kurzem Nicken hinaus. Er ist Feuerwehrmann. Obwohl es Sonntag nach Neujahr ist, ist die Kirche mit ihren 70 Plätzen gut besetzt. Sie ist eigentlich immer voll. Aber das war nicht immer so.

Vor 5 Jahren begann es. Das Dach war kaputt, zur Beerdigung und Trauung konnten die Glocken nicht mehr geläutet werden. Ich musste der Gemeindeversammlung sagen, dass wir die 200.000 € für die Kirchenrenovierung nicht aufbringen können. Große Enttäuschung, Ärger. „Wir auf den Dörfern werden immer benachteiligt", grummelte es im Raum. „Wenn Ihr was tut, helfen wir mit", sagte ich.

Sehr bald hat sich eine junge Frau im Dorf das zu Herzen genommen. Viel Kontakt mit Kirche hatte sie bis dahin nicht. Aber ihr Vater war schon fürs Zupacken bekannt. Sie hat Freunde gefunden, die mitmachten. Sie haben einen Förderverein gegründet, Feste an der Kirche veranstaltet, sind durch die Häuser gegangen. Bald kämpfte ein ganzes Dorf um seine Kirche. In jeder Versammlung stand sie vor den Leuten, redete warmherzig und überzeugend. „Wir brauchen unsere Kirche, es gibt mehr als Geld in diesem Leben."

Das hat viele beeindruckt. Bald waren die Mittel zusammen, Europamittel, Geld von der Landeskirche und dem Kirchenkreis. Aber 25.000 € haben sie selber aufgebracht. Erntedankfest haben wir Einweihung gefeiert. 160 Leute in der Kirche, nur der Altar war noch frei von Menschen. Seitdem ist der Gottesdienst immer sehr gut besucht. Selbst an diesem Sonntag nach Neujahr, als ich meine Predigt unterbrechen musste.

Warum so viele Leute in die Kirche kommen? Weil es da Leute gibt wie diese junge Frau. „Du musst in den Kirchenvorstand", sagen ihr die Leute. Und sie kandidierte bei den nächsten Wahlen.

Mit einer Stiftung in die Zukunft

„Hier ist die Mettwurst, Herr Superintendent", sagt der Vorsitzende des Kirchenvorstandes im Gottesdienst zu mir. Wir feiern gerade die Gründung einer Stiftung in der Kirche. Und dann erzählt er der verblüfften Gemeinde die Geschichte. „Nachts um elf ruft mich der Superintendent an und –", der Redner lächelt mich an, „– hat mir am Telefon gesagt: Sie können mir 'ne Mettwurst ausgeben, wir haben es geschafft."

Ja, ich erinnere mich, das habe ich gesagt. Dass es so spät war, als ich ihn anrief, das weiß ich nicht mehr. Aber ich habe mich so gefreut, als ich die gute Nachricht vom Landeskirchenamt nach einer Abendsitzung hörte. Die Gemeinde-Stiftung ist genehmigt.

Mich hat das beeindruckt: Da wohnen 300 Leute in dem kleinen Ort und sie gründen eine eigene Stiftung. Sie haben keinen eigenen Pastor mehr. Und nun haben sie das Pfarrhaus verkauft und das Geld in eine Stiftung gelegt. Damit zumindest die kleine Kirche bleibt – und damit das Gemeindehaus noch allen offen steht.

Das wurde in den 60ziger Jahren gebaut, sehr groß für den kleinen Ort. Der Pastor damals hatte eine Vision. Hier sollen die jungen Leute vom Lande sich bilden können für ihren Beruf und für ihr Leben. Kirche gibt Lebenshilfe für die Jugendlichen.

Nach dem Stiftungsgottesdienst bei einem kleinen Essen im Gemeindehaus frage ich die vier Männer und Frauen vom Kirchenvorstand, alle so zwischen 40 und 55: „Warum macht Ihr das hier alles?" „Wir haben hier eine wunderbare Jugend in diesem Haus verbracht", sagt der Vorsitzende. „Wir haben diskutiert und gelernt, wir haben über unsere Probleme gesprochen und haben Musik gehört. Das hat uns geprägt." Später hat man sie gefragt, ob sie nicht Kirchenvorsteher werden wollen. Sie haben ja gesagt, sie wollen der Gemeinde was zurückgeben. Und sie haben für die Selbständigkeit der Gemeinde gekämpft. Mit Erfolg.

Bei der Kirchenvorstandswahl kandidieren sie wieder. „Wir wollen unser Gemeindehaus wieder richtig beleben", sagt der Vorsitzende, „so wie früher. Geld durch die Stiftung haben wir ja jetzt auch."

Ich fahre zufrieden nach Hause, auf dem Beifahrersitz meine frische Mettwurst.

Bratwurst und Gebet

„Zu mir in die Kirche kommen die Leute nur noch, wenn es Bratwurst gibt", stöhnt mein Kollege. „manchmal habe ich am Sonntag drei bis vier Gottesdienste in meiner Region, vor allem im Sommer kommen nur ganz wenige. Aber wenn es Bratwurst gibt, dann sind sie da."

Ich mach mir Sorgen um ihn, er ist ein sehr guter Pastor. An ihm kann es nicht liegen, er predigt sehr gut, ohne Zettel, immer frei. Damit kann man was anfangen fürs Leben. Er besucht die Leute, geht auf sie zu. Sie mögen ihn. Aber kommen sie sonntags zum Gegenbesuch? Nein, nur ganz wenige, Treue. „Manchmal singen wir: Liebster Jesu, wir sind vier", sagt mir eine alte Frau. „Wir sind immer da. Wir können unsern Pastor doch nicht allein lassen."

Mein Kollege ist nicht bange. Auf dem Feuerwehrfest, nach dem Gottesdienst im Zelt, fragt er an der Theke: „Warum kommt Ihr denn nicht in die Kirche?" „Kirche ist wie Feuerwehr", sagt einer, „gut, dass sie da ist im Dorf. Besser ist aber, man braucht sie nicht."

„Oh, nee, das kannst du so nicht sagen, Helmut", sagt ein anderer, „wir würden ja kommen, aber die Woche ist so anstrengend. Sonntagmorgen gehört der Familie. Abends würden wir kommen." –„Na, letzten Sonntag haben wir doch Abendgottesdienst angeboten, mit Gitarren-Gruppe". „Och, hab ich gar nicht gewusst". Das Gespräch wird lebendig, die Argumente purzeln nur so. „Ja, wenn die Liturgie nicht so alt wäre." „Wenn ein Gospelchor käme". „Machen Sie doch mehr für die Kinder".

Ja, ja, denkt mein Kollege, und wenn ich Handstand auf der Kanzel machen würde. Hauptsache, was Besonderes. Die Event-Gesellschaft hat auch das Dorf erreicht. Ich mache mir Sorgen um meine Kolleginnen und Kollegen. Früher musste der Pastor nur da sein. Heute reicht das nicht mehr. Das ist anstrengend. Und dabei bieten wir Sonntagmorgens so viel, denke ich. Eine Stunde Ruhe, du musst nichts tun, ein besonderer Raum, schöne Musik, ein Gedanke aus der Predigt zum Mitnehmen. Das tut doch gut. Und am Ende der Segen für die ganze Woche.

BEGEGNUNGEN, DIE BERÜHREN

Kühe schlachten für Kredite?

„Und wenn ich alle meine 80 Kühe zum Schlachten bringen würde, bekäme ich gerade so viel Geld, dass ich meine Schulden bezahlen kann", sagt der Bauer nach dem Gottesdienst zu mir. Er ist gut 40 Jahre alt, verheiratet, 2 Kinder. Er hat Landwirtschaft gelernt und den Hof übernommen. Damit ernährt er seine Familie. Für das Altenteil seiner Eltern muss er noch mit aufkommen. So funktionierte mal die Sozialversicherung auf dem Lande. Aber heute nicht mehr.

Zurzeit bekommt er für einen Liter Milch gerade mal 21 Cent. Es reicht nicht, er hat Schulden. „Wissen Sie, und wenn ich alle Kühe schlachte, um die Schulden zu bezahlen, hab ich ja keine Existenzgrundlage mehr. Zum Leben zu viel, zum Sterben zu wenig."

Mich rührt das an. Ich bin ja selber Bauernsohn. Vor 50 Jahren hab' ich bei uns zu Hause die Milch ausgegeben, 40 Pfennig, 20 Cent pro Liter. Damals so viel wie heute! Aber ein VW Käfer kostete damals 5.000 DM. Ein Golf kostet heute mehr als 20.000 Euro. Ein Bauer arbeitet mehr als 60 Stunden die Woche, was bleibt da für ein Stundenlohn! Hartz IV für harte Arbeit.

„Ist doch egal, woher die Milch kommt", denken einige, „ob aus Bayern oder Polen, Hauptsache billig und gut. So ist das nun mal. Die Bauern müssen sich einfach umstellen." Haben sie doch schon längst, sage ich. In meinem Dorf gab es früher 30 Bauern, heute sind es noch drei. Wie lange noch? In meinem Kirchenkreis gibt es schon Dörfer ohne einen einzigen Bauern.

Ich bin da ziemlich ratlos. Wir brauchen doch unsere Bauern. Wir dürfen nicht abhängig werden von Brasilien oder den USA, wir brauchen die Landwirtschaft für eine verlässliche Versorgung, für unsere Landschaft, unsere Kultur.

Das mindeste, was ich tun kann: Ich kaufe so oft es geht ein, was bei uns wächst und regional produziert wird. Und bei unserem Schlachter steht im Laden sogar der Name des Bauern, bei dem er die Tiere gekauft hat. Den Bauern kenn' ich persönlich. Und seine Arbeit in der 60-Stunden-Woche.

Ein Arbeiter ist seines Lohnes wert, sagt Jesus. So soll es sein.

Herr Schmidt hat das richtig gemacht

„Jetzt ist seine Frau gerade ein Jahr tot, da nimmt der sich doch schon eine Neue – der Schmidt mit seinen 72", sagt eine Dame beim Kaffeenachmittag. „Und die Frau soll 74 sein und lange Witwe. Der läuft doch tatsächlich mit so einem T-Shirt rum, da steht drauf: *Alter schützt vor Liebe nicht, aber Liebe vor dem Alter.* Der ist wohl durchgeknallt." – „Also, ich find's gut", ruft die Nachbarin in die Runde. „Bist wohl neidisch, was? Möchtest wohl auch gern 'nen jüngeren Kerl!" – „Hör mir auf, ich bleib meinem Mann treu." – „Na, siehst du? Du hast ja noch einen Mann. Du hast noch jemanden, ich bin allein wie der Schmidt."

Und dann diskutieren sie heftig: „Herr Schmidt war 42 Jahre verheiratet, bis seine Frau starb. Drei Jahre war sie dement, er hat sie aufrichtig gepflegt. Wir haben doch alle gesehen, wie er sich um sie gekümmert hat, immer mit ihr rausgefahren ist und den Haushalt in Ordnung gehalten hat. Sie hatte ja zuletzt alles durcheinandergebracht." „Ja, gut, aber wenn man so lange verheiratet war, nimmt man doch keine andere mehr."

„Müsst ich mich auch erst dran gewöhnen, aber weißt du, wie schwer es ist, allein zu sein? Die Kinder sind weit weg. Du wachst morgens auf und niemand ist da. Du trinkst deinen Kaffee allein, kannst dich mit niemandem über die Morgen-Zeitung unterhalten. Keine Geräusche in der Wohnung, nur deine eigenen. Ich mach immer morgens gleich das Radio an, damit sich jemand mit mir unterhält. Die von NDR 1 sind immer so nett.

Und ein bisschen warme Haut möchte ich auch gerne mal wieder spüren. Mit den Enkeln schmusen ist doch was anderes. Ich könnte ein wenig Liebe noch gut vertragen, einander fühlen und so. Was soll daran schlimm sein! Ich finde, der Schmidt macht das richtig!"

Es ist nicht gut, dass der Mensch allein sei. Fällt der eine, hilft ihm auf der andere.

Es ist ein gutes Krankenhaus

Da liegt er in einem Doppelzimmer im Krankenhaus. Er erzählt mir von seinem Sturz vom Fahrrad bei hohem Tempo, die Regenjacke ist vom Gepäckträger in die Speichen geraten, das Rad blockiert. Zack, lag er. Arzt, Rettungswagen waren schnell da, dann sitzt er da vor der Notfallaufnahme. Sein rechter Arm wird an 40 Stellen zusammengeflickt. 5 Stunden haben die Ärzte operiert.
Was ist ihm alles durch den Kopf gegangen. Kannst du den Arm wieder bewegen? Bist du jetzt berufsunfähig, wovon sollst du dann leben? Hoffentlich kann ich wieder Klavier in unserer Band spielen? „Gar nicht auszudenken, ihr macht immer so tolle Musik auf unseren Gemeindefesten", sage ich.
Die Tür geht auf, die Schwester bringt das Essen rein. „Guten Appetit!"
„Danke." Kurze Zeit später drückt sein Bettnachbar die Klingel. Er hat sich so unglücklich verlegen. Es dauert ein bisschen, bis Schwester Anja kommt. „Wir hatten gerade noch eine Neuaufnahme", entschuldigt sie sich und versucht, ihre Erschöpfung zu verbergen. „Liegen Sie so besser?" „Ja, Danke, Schwester."
„Die stehen ganz schön unter Druck", sage ich, als sie rausgegangen ist. „Ich kenn´ mich im Krankenhauswesen ein bisschen aus. Heute werden ja nicht mehr die Tage bezahlt, die jemand im Krankenhaus liegt, sondern der Fall, Blinddarm so viel Euro, schwerer Armbruch so und so viel. Die Leute liegen deshalb nicht mehr so lange im Krankenhaus, aber die Betten müssen trotzdem aus Kostengründen immer alle belegt sein. Manchmal werden an einem Tag auf einer Station 15 Patienten entlassen und die 15 Betten neu belegt. Das geht auf die Knochen der Pflegenden.
Schwester Anja kommt rein und holt das Geschirr wieder ab. „Na, Sie leisten hier aber viel", sag ich. „Die Arbeit wird immer schwerer", klagt sie kurz, „wenn ich nach Hause komme, sinke ich in mein Sofa und will erst mal nichts mehr hören und sehen. Mein Mann sagt, wir besuchen gar keine Freunde mehr."
Wir wünschen ihr trotzdem einen schönen Feierabend.
„Das ist ein gutes Krankenhaus hier", sagt mein Freund. „Weißt du, als ich da ratlos und verloren vor der Notfallambulanz saß, kam eine ganz junge Schwester, legte ihre Hand auf meine und sagte: Das wird schon wieder. Das hat mir vielleicht gut getan."
Selig sind die Barmherzigen, denn sie werden Barmherzigkeit erlangen.

War ja bei euch wie bei Jesus

Freitag, 19.30 Uhr. Wir laden euch herzlich ein zu unserem 20. Hochzeitstag. Bitte bringt etwas fürs Buffet mit.
„Ach", sag ich zu meiner Frau, „wieder so eine Einladung." Ich hab's ja lieber, wenn ich nichts mitbringen muss. Aber gut, ich mache wieder meinen klassischen französischen Salat Lyonnaise. Blattsalat, Eier, Kartoffel, Stangensellerie, selbst gemachte Sauce, Sardine oben drauf.

Wir sind pünktlich da. Auf dem Buffet steht schon einiges, Kartoffelsalat, Nudeln, Baguette, Tomaten-Mozzarella, Käseplatte, die Gastgeber bedanken sich. Als die letzten da sind mit weiteren Leckereien, ist das Buffet voll. „Schön, dass Ihr da seid", sagt das Paar, „das Buffet ist eröffnet". Und schon bildet sich eine hungrige Schlange am Buffet. Ich gehe dreimal hin. Es schmeckt sehr gut. Und alle werden satt. Und es ist immer noch was da. Alle sind fröhlich, niemand hat Angst, zu kurz zu kommen.

Auf Konfirmanden-Freizeiten ist das ja anders. Da setze ich mich immer an einen Mädchentisch, die essen nicht so viel. Bei den Jungs am Achter-Tisch, da ist die Nudelschüssel schon beim dritten am Tisch leer. „Eh, ich will auch noch was haben", rufen die einen. „Hol doch was nach aus der Küche."

Und dann feiern wir am letzten Abend das Tisch-Abendmahl. Wir hören erst die Geschichte von der Brotvermehrung aus der Bibel. 5.000 Leute sind da und sie haben Hunger. Da kommt ein Kind, hat fünf Brote und zwei Fische dabei. Mehr nicht. Jesus nimmt Brote und Fische, dankt und gibt sie weiter. Und dann reichen die Jungs und Mädchen ein Fladenbrot von einem zum anderen, jeder bricht ein Stück ab und isst. Am Ende bleibt immer etwas übrig, egal wie viele Konfirmanden von einem Brot gegessen haben. Einer hat auf den anderen geachtet. Genau wie in der Geschichte von der Brotvermehrung. Dort bleiben am Ende noch zwölf Körbe mit Brot übrig!

Es ist nach Mitternacht, als wir die Party verlassen. Eine schöne Feier war das, wir brechen mit unseren Nachbarn auf. Wir holen unsere Schüssel vom Buffet, ein Rest ist noch drin. Unser Nachbar greift nach seiner Schüssel mit der leckeren Rote Grütze. „Sieh mal", sagt er, „auch noch was übrig geblieben. Das war bei Euch wie bei Jesus!", ruft er den Gastgebern lachend zu.

„Da sie aber satt waren, sprach Jesus zu seinen Jüngern: Sammelt die übrigen Brocken, dass nichts umkomme."

Apfelstrudel mit Sahne

Meine Frau und ich sitzen draußen im Straßencafe und genießen die erste Frühlingssonne. Wir machen ein paar Tage Urlaub in Binz auf Rügen. Diese schöne Insel mit den Kreidefelsen, den Hügeln und Wäldern, den weiten Alleen, der milden Ostsee. Neben uns hat sich ein junges Paar gesetzt und ihre Bestellung aufgegeben. Milchkaffee und warmen Apfelstrudel mit Sahne. Wir sehen die freundliche Kellnerin schon von ferne. Der Kaffee und Apfelstrudel dampfen. Wir schauen in die beiden strahlenden Gesichter. Die junge Frau reibt sich vor Freude die Hände, als spräche sie ein Tischgebet. Da stehen nun die leckeren Sachen vor ihnen auf dem Tisch, sie halten inne und dann essen sie mit Genuss. Ein schönes Bild.

Ganz anders war das, was wir am Abend davor im Hotel gesehen hatten. Wir saßen an dem Tisch, von dem aus man genau auf das Buffet schauen konnte – und in die Gesichter der Gäste. Vier, fünf, sechs Gänge konnte man sich holen, alles im günstigen Preis inbegriffen. Salate, Saucen. Mehrere Fischsorten lagen dort fein angerichtet, Kohlrabi gedünstet in Sahne, Wildreis, Krustenbraten, Hähnchenbrust und vieles, vieles mehr. Jeder konnte sich nehmen so viel und sooft er wollte. Ständig war eine Schlange am Buffet.

Aber wie anders sind diese Gesichter am Buffet als die Gesichter des glücklichen Paares im Straßencafe. Die Gäste im Hotel sehen bitter und angestrengt aus, so als könnten sie etwas verpassen. Fordernd, als hätten sie ein Anrecht darauf. Uns ist bei dem Anblick der Appetit vergangen. Haben sie in ihrem Leben jemals um ihr Essen bangen müssen? Jedenfalls: Kein bisschen Freude in ihren Gesichtern.

Freude und Dankbarkeit lassen einen Menschen strahlen. Sie können Wunder wirken. Die Bibel erzählt einmal, dass viele Leute Jesus zugehört und Hunger bekommen hatten. Da fragt Jesus seine Jünger. „Was haben wir zu Essen da?" – Fünf Brote und zwei Fische", antworteten sie. „Da lagerte sich das Volk. Und Jesus nahm das Brot, dankte, gab es weiter und alle wurden satt."

EINBLICKE IN DIE BIBEL

Worte sind wie Brücken, über die Gedanken zu uns kommen

Zweitausend Jahre seit Christi Geburt. Was für eine lange Zeit! Mein Wissen reicht ja gerade 50, höchstens 100 Jahre zurück. Ältere erzählen mir gerne davon. Vor 100 Jahren, da regierte noch der Kaiser. Da musste man Briefe schreiben, wenn man etwas mitteilen wollte. Der Brief war Tage unterwegs. Und Autos? Meine Mutter brachte noch die Milch mit dem Pferdewagen in die Stadt.

Fast alles hat sich in den letzten 100 Jahren verändert. Und die vielen Jahren zurück bis zur Urzeit, davon weiß ich nur aus Büchern. Aber dies weiß ich. So gut wie nichts ist von damals geblieben. Feuer macht man nicht mehr, indem man Steine aneinander reibt. Essen kocht man auf dem modernen Herd. Man schläft nicht mehr auf dem Boden und bewegt sich in Überschallflugzeugen. Alles ist anders geworden. Die Zeit rast im dritten Jahrtausend.

Was die Jahrhunderte und Jahrtausende überlebt hat, das sind Worte. Eine Zeile von Goethe, Sprichworte, eine tolle Geschichte. Lebensweisheiten vermitteln sie, die sich durch viele Generationen bewährt haben. Worte, die uns helfen, uns zu orientieren. Geschichten, die uns festigen und trösten, wenn das Leben bewältigt werden muss. Worte, die viele Menschen kennen und miteinander teilen. Sie sind unser gemeinsamer Schatz. Sie sind wie Brücken, über die gute Gedanken aus einer anderen Zeit zu uns kommen. Die brauchen wir.

Die meisten Worte sind aus der Bibel. „Der Herr ist mein Hirte". „Du sollst nicht falsch Zeugnis reden wider deinen Nächsten." „Es begab sich aber der Zeit, dass ein Gebot von dem Kaiser Augustus ausging." 2000 Jahre sind sie alt. Ich höre sie und verstehe sie sofort. Aktuell sind sie, so frisch, und reden von Menschlichkeit, von Leid und von Glück. Sie haben alle Zeiten überlebt, weil sie Menschen etwas gesagt und bedeutet haben. Darum müssen wir sie weitererzählen. Sie sind das Einzige, was bleibt.

Nach der Arche kommt das nächste Schiff

Unser drittes Enkelkind, Mathis, soll getauft werden. Das Ende der Sintflutgeschichte aus der Bibel wird der Taufspruch sein. Gott verspricht darin nach der großen Flut: „Nun soll nicht aufhören Sommer und Winter, Frost und Hitze, Saat und Ernte, Tag und Nacht".

Meine Frau bereitet Paula, unsere älteste Enkeltochter, sie ist vier, auf die Taufe vor. Sie holt einige unserer Bilderbücher hervor. Paula liebt diese Bücher. Sie kuscheln sich in die Decke auf dem Wohnzimmersofa ein und lassen sich Zeit, blättern und suchen.

Sie finden die Geschichte von Noah – mit vielen großen Bildern – doch ohne Text. „Erzähl doch, Großmama", drängt sie. Und sie beginnt.

„Einmal hatte Gott es satt, dass die Menschen nicht mehr an ihn glaubten und sich schlugen und zankten. Da ließ er eine große Flut kommen, nur Noah und seine Familie wollte er retten. Er befahl Noah, eine Arche zu bauen und von jeder Tierart ein Paar mitzunehmen". Lange betrachtet Paula jedes einzelne Bild. Eines beschäftigt sie besonders: Auf dem Bild ist die Tür zur Arche geschlossen. Noah, seine Familie und die vielen Tiere sind schon alle drin. Das Wasser ist bereits kräftig angestiegen. Aber da stehen noch etliche Tiere draußen im Regen. Das nächste Bild: Das Wasser steigt und steigt.

„Großmama, die ertrinken ja alle! Was sollen die denn nun bloß machen!", sieht Paula ihre Großmutter mit großen Augen an.

Meine Frau schluckt. Spontan fällt ihr keine gute Antwort für sie ein. „Ja, was sollen die machen? Hast du vielleicht eine Idee, Paula?"

Ihre Blicke kehren auf das Bild zurück, sie denkt sichtbar nach. Dann strahlt sie und sagt: „Die, die fahren mit dem nächsten Schiff!"

Meine Frau ist erleichtert. „Du hast ja Recht. Er schickt immer wieder ein nächstes Schiff, damit wir alle gerettet werden."

Eine Frau kämpft für ihr Recht

Vielleicht war sie glücklich verheiratet – aber dennoch war sie unglücklich. Sie hätte so gerne ein Kind gehabt, aber es hat nicht geklappt. Dann starb auch noch ihr Mann. Aber es gab Hoffnung. Nach dem alten Recht musste der jüngere Bruder seine Schwägerin heiraten, damit sie versorgt ist. Der folgte dem Brauch und heiratete sie, aber Kinder wollte er nicht. Wenn er mit ihr schlief, „ließ er seinen Samen auf die Erde fallen", so erzählt die Geschichte. Bald starb auch er. So wurde es immer einsamer um sie. Eine Witwe ohne Hoffnung. Was sollte werden?

Da kam ihr Schwiegervater Juda zu ihr: „Zwei meiner Söhne hast Du geheiratet und überlebt. Soll ich meinen Jüngsten Dir nun auch noch opfern? Warte, bis mein Jüngster groß ist", sagte Juda. Und er schickte sie zu ihren Eltern zurück. Doch der Jüngste wurde erwachsen und ließ auf sich warten. Wie konnte sie, die Witwe, ihr Recht einfordern?

Sie hat eine Idee. Sie stellt sich vor die Tore der Stand, verschleiert, und wartet auf den, von dem sie weiß, dass er vorbei gehen wird. Und da kommt er auch schon. Der kräftige Mann. Ihr Schwiegervater. Juda bleibt stehen, erkennt sie nicht, sieht sie lustvoll an, hält sie für eine Hure.

„Ich will zu dir kommen", sagte er. „Was willst du mir geben?", fragt sie. „Ich schick dir einen Ziegenbock von meiner Herde". „Einverstanden. Bis dahin gib mir deinen Siegelring als Pfand." Sie werden handelseinig und er schläft mit ihr. Als er den Bock bringen lässt, ist sie nicht mehr da – und mit ihr ist der Siegelring verschwunden.

Eines Tages ist es Dorfgespräch. Die Witwe Tamar ist schwanger! Habt Ihr das schon gehört. Juda, ihr Schwiegervater, ist empört, als er davon hört. Er zitiert sie her. „Was!? Du bist schwanger. Schande hast du über meine Söhne und unsere Familie gebracht. Wie konntest Du! Du sollst im Feuer brennen." Da zieht sie den Siegelring aus ihrer Tasche: „Du bist der Mann, Juda. Du bist der Vater meines Kindes". Wie im Schnelldurchlauf in einem Film hat er plötzlich alles vor Augen, die verhüllte Frau vor dem Tor, seine Lust, sein Versprechen, das Pfand.

Er erschrickt. „Ja, ich bin der Mann und du, du bist gerechter als ich. Warum habe ich Dir meinen Jüngsten nicht gegeben!" Und er nimmt sie auf in sein Haus, rührt sie aber nicht mehr an.

So wird erzählt in den Büchern Mose. Tamar heißt die Frau, die sich ihren Platz in der Gesellschaft erkämpft hat. Und Gott hat sie gesegnet. Sie ist eine der wenigen Frauen, die im Neuen Testament unter den Vorfahren von Jesus genannt wird. Ich bin stolz auf die Bibel. Sie verschweigt ihre Geschichte nicht.

Maria und die Beatles

Warum sagt man eigentlich, Maria war Jungfrau, als Jesus geboren war?
Eine richtige komplizierte Frage, Marie.
Das kann doch nicht biologisch gemeint sein.
Nein, biologisch ist das sicher nicht gemeint. Jungfrau ist ja eine Frau dann, wenn sie noch nie mit einem Mann geschlafen hat. Aber warum soll Jesus nicht aus der Liebe von Maria und Joseph entstanden sein!
Warum redet die Bibel dann von der Jungfrau?
Zunächst musst du einmal wissen, dass die Geburt von Jesus im Alten Testament angekündigt wurde. Da heißt es „Eine junge Frau wird gebären." Junge Frau, nicht Jungfrau. Aber als die damals erlebt haben, was für ein besonderer Mensch Jesus ist, haben sie gedacht, dass auch die Schwangerschaft und seine Geburt etwas Besonderes gewesen sein müssen. Eben von einer Jungfrau geboren. Das sagt man übrigens auch von einigen griechischen Helden, dass ihre Mutter Jungfrau war. Aber sag mal: Was fällt dir bei Jungfrau ein? Du bist ja etwa so alt wie Maria damals.
Naja, ich denke, Jungfrau, das bedeutet: rein, ohne Sünde, unbefleckt. Da ist noch nichts von der Welt eingedrungen, auch nichts Böses.
Toller Gedanke. Nichts von der Welt eingedrungen. Es muss was geben, was unberührt ist.
Ja, aber was bedeutet das denn für Dich?
Für mich ist das ein Bild: Das Kind Jesus ist ohne Zutun eines Mannes, eines Menschen entstanden. Es ist ein Geschenk Gottes. Gott schenkt Liebe und Vertrauen. Alles, was wir mit einem Kind verbinden. Übrigens sagen wir ja auch: Die Frau hat ein Kind empfangen, wir haben ein Kind bekommen. Also: Es geht nicht nur um Biologie, nicht nur um Sexualität. Es geht um mehr! Es geht auch um Gott. Er schenkt das Leben, als Jesus geboren wird, seinen Sohn. Vielleicht gilt darum Maria als „Jungfrau"? Für mich ist das ein kostbarer Gedanke. Das finden die Beatles auch. Kennst du die?
Beatles, die kenn ich. Hab ich mit 13 schon gerne gehört.
Ich mag sie immer noch. Eins ihrer Lieder singt von Maria, von Mutter Maria aus der Bibel. „Let it be" heißt das Lied. Kennst du das?
Das hab ich doch mit meiner Jugendgruppe oft gesungen.
Da heißt es doch: „Wenn es mir schlecht geht, dann kommt Mutter Maria zu mir und spricht mit weisen Worten: „Let it be." Lass es gut sein. Maria hat Ahnung von Vertrauen und Liebe. Tolle Frau.
Und vergiss mir Joseph nicht, der war auch stark. Der hat immer zu ihr gehalten.

Unsere Kinder brauchen Religion

Da sitzt er mitten unter den klugen Männern, kess und pfiffig. Zwölf Jahre alt ist er erst. Er hört zu und fragt und spricht. Er hat Ahnung von den Psalmen, kennt die Geschichten der Bibel und kann in der Diskussion mithalten. Woher hat er's nur, fragen sie sich erstaunt. Er hat es von seinen Eltern, Maria und Josef. Handwerker, einfache Leute und dennoch seine Lehrer. Jesus, noch ein Kind, hat alles von ihnen gelernt, mehr so nebenbei. Vorm Einschlafen, am Tisch, in der Werkstatt seines Vaters. Er ist damit groß geworden wie mit Milch, Schnupfen und Oliven.

Er hat auch durch die Feste gelernt. Wenn Vater im September eine Laubhütte vorm Haus baute. Eine Woche wohnten sie drin. Der Mensch hat keine festen Häuser, immer muss er bereit sein, etwas zu verlassen. Das lernte man da draußen. Oder Neujahr im Oktober, wenn das große Horn im Dorf erklang. Na, und Passah erst, im April. Vor 1300 Jahren war das Volk einmal gerettet worden aus der Sklaverei. Das feierten sie alle jedes Jahr auf dem großen Fest in Jerusalem. Als Jesus zwölf war, durfte er zum ersten Mal mit. War das aufregend.

Die Geschichten, die schönen Wiederholungen im Tageslauf, die Feste im Jahr, die haben ihn gebildet. Sie haben ihm das Leben gedeutet. So kann Jesus schon als 12jähriger mit den klugen Männern im Tempel mitdiskutieren.

Wer hat dich gebildet, fragte ich neulich in einer Runde von Mitarbeitern. Meine Oma, sagt die junge Vikarin. Mein Physiklehrer, antwortet der 60jährige Kollege, meine Jugendgruppe, sagt der Diakon. Menschen sind Vorbilder für unsere Bildung. Menschen, die für etwas stehen, so wie die Eltern von Jesus für eine Lebensordnung und -haltung standen.

Was wird sein, wenn es einmal keine Menschen mehr gibt, die die guten Geschichten weitererzählen und sie vorleben. Da graust mir schon manchmal. Wie viel Quatsch umgibt unsere Kinder jetzt schon. Dschungel-Show. Musik, dass die Ohren abfallen. Wie viel unnützes!

Was ist wichtiger, frage ich einen Konfirmanden in der Abendandacht, zu wissen, wie viel Bayern München heute gespielt hat oder wie man ein Ei kocht? Antwort. Sie können es sich vielleicht schon denken: Wie Bayern München gespielt hat. Gute Antwort, sage ich zu ihm: Wenn du das Ergebnis aus München kennst, kannst du mitreden. Das ist wichtig. Aber es hilft dir in der Not nicht eine Stunde weiter.

Wenn du ein Ei kochen kannst, dann kannst du einen Tag überleben. Wenn du was von Religion und Glauben weißt, kannst du lange durchhalten. Unsere Kinder brauchen einfach Religion.

Jesus und seine Familie

Hast du wieder eine Geschichte für mich von Jesus?
Ja, heute erzähle ich dir eine ganz besondere. Jesus predigte wieder einmal vor ganz vielen Leuten, da kommt doch plötzlich einer und sagt: „Jesus, guck mal dahinten, da stehen deine Mutter und deine Brüder."
Was? Hat der Geschwister?
Ja. der hatte vier Geschwister. Oh, vier Geschwister ... der hatte vier Brüder und einige Schwestern.
Echt? Das wusste ich noch gar nicht.
Und als Jesus das hört, da sagt er: „Interessiert mich gar nicht, lass mich hier weiterpredigen. Ich muss hier weiterreden. Weißt du nämlich: Alle, die an mich glauben und die Gottes Willen tun ..., das sind meine Mutter, meine Brüder und meine Schwestern."
Das ist doch gemein! Unverschämt ist das! Da kommen die von so weit her, und er sagt: „Ist mir egal. Alle, die an Gott glauben, sind meine Geschwister." Das stimmt zwar, aber er kann doch seine Familie nicht abschieben!
Und im vierten Gebot, das hat er sicher gewusst, da steht doch drin: Du sollst Vater und Mutter ehren.
Und was haben Josef und Maria alles für ihn getan! Den weiten Weg und dann auch danach noch ...! Und jetzt sagt er: Ist mir egal.
Vielleicht hat Jesus ja nur einen schlechten Tag gehabt. Oder er hat sich was dabei gedacht. Wenn er sagt, alle die an mich glauben, sind meine Mutter und meine Geschwister, will er vielleicht sagen: Mutter und Vater und die Geschwister, das ist ja mehr so blutsverwandt ... – von Geburt an als Familie. Aber es gibt noch eine Verbindung, die ist viel wichtiger.
Ja, da hast du recht. Aber, ich finde es auch doof, wenn man seine Familie so ganz abschiebt. Die anderen, die ihm zuhören und so, gehen doch auch noch zu ihrer Familie und gehören zu den Christen.
Aber wenn doch nur die zusammen gehören, die zur Familie gehören – das ist doch eine bisschen enge, muffige Welt, findest du nicht auch?
Ja, aber da kann man doch die anderen nicht abschieben!
Das mit der Familie, die Geschichte geht noch weiter, ... unter dem Kreuz.
Da ist Maria wieder da und seine Geschwister und so, die begraben ihn doch sogar, glaub ich ...
Das glaube ich nicht, aber seine Mutter hält bis zum Schluss zu ihm und dann nachher ... nach Ostern da gehen seine Brüder Ios – seine Schwestern sicher auch – und erzählen überall auf der Welt von dem, was ihr Bruder Jesus von Gott erzählt hat.

Habe Flasche wieder voll

„Habe Flasche leer." Trainer Trapattoni von Bayern München hat das gesagt. Ich erinnere mich noch. Es war vor einigen Jahren. Die Bayern spielten plötzlich schlecht, ihre Hoch-Zeit ging zu Ende. Wieder einmal hatten sie nur rumgegurkt und verloren, als Trapattoni in der Pressekonferenz danach entnervt sagte: „Habe Flasche leer." Er schmiss die Brocken hin. Viele haben ihn damals verstanden, diesen sympathischen Mann aus Italien. Sie kannten das von sich selbst auch: Du hast eine gute Zeit, das meiste gelingt dir, es geht dir gut. Plötzlich keine Ideen mehr, keine Lust, an morgen zu denken. Nichts geht mehr. Die Hochzeits-Stimmung ist vorbei.

So eine Stimmung kann ein ganzes Land erfassen. Bei uns ist das im Augenblick so. Sparen, heißt es, weniger Verschuldung, dann wieder höhere Neuverschuldung, ohne geht es nicht. Steuern runter, Steuern rauf. Rente sicher, Rente unsicher, Medikamente mit bezahlen, selbst bezahlen. Bald kann ich nicht mehr die Hochzeit meiner Kinder, schon gar nicht meine eigene Goldene Hochzeit bezahlen. Es wird drum rum geredet. Stimmung runter, Flasche leer. Und dabei wurden noch nach der „Hochzeitsfeier" der beiden deutschen Staaten blühende Weinberge und Landschaften versprochen...

Was ist bloß los im Land? Haben wir irgendwas verlernt? Die Fußballer von Bayern damals hatten das Spielen ja auch nicht verlernt. Ihre Stimmung war nur auf dem Nullpunkt, der Mannschaftsgeist hatte sich verflüchtigt. Der Mannschaftsgeist war oft auch im Team um Jesus das Problem. „Habe Flasche leer."

Darum hat Jesus auch gleich am Anfang ein kräftiges Zeichen mit einem Wunder gesetzt. Auf einer Hochzeit war das. In Kana. Mitten in der Feier waren die Flaschen leer. „Füllt Wasser in die Krüge", sagte er, „und dann schenkt aus." Sie taten's, kosteten und es schmeckte wie der beste Wein. Kann man nachlesen bei Johannes, Kapitel 2.

Wasser hatte sich in Wein verwandelt. Nicht der Weingeist, sondern der Mannschafts- und Lebensgeist erfasste die Leute. Sie begriffen: Ich muss mich nicht selber besser machen als ich bin. Ich bin jemand. Ich muss nicht alles haben. Ich hab doch so viel. Ich muss nicht um mich herumreden. Ich kann doch ehrlich sein. Gefüllt gingen die damals nach Hause. Nicht ihr Leben, aber ihr Geist hatte sich verändert. Habe Flasche wieder voll. Das wär doch was.

Warum nicht ein „Mutterunser" beten?

„Ich find das doof", sagt die zehnjährige Marie zu mir: „Immer stehen die Männer in der Bibel im Mittelpunkt: Abraham und Jakob, David, die Jünger und Jesus ist auch ein Mann." Ich finde das interessant, was sie sagt und frage sie: „Ja, kannst du dir denn vorstellen, dass Jesus eine Frau war?" – „Ja natürlich, "antwortet sie spontan, „warum sollte Gott nicht eine Tochter auf die Erde geschickt haben?" Oh, ein ungewöhnlicher Gedanke. Darüber habe ich noch nie nachgedacht. Ich werde neugierig und frage sie, was denn anders gewesen wäre, wenn Gott seine Tochter geschickt hätte. „Frauen können etwas zu Ende diskutieren", sagt sie, „Männer wollen immer nur bestimmen."

Ich muss schmunzeln. Was sie mit ihren zehn Jahren schon alles beobachtet hat! „Aber ... – so ein Mann, der alles bestimmen wollte, war Jesus doch gar nicht", sage ich. „Nee, stimmt", sagt sie, „so einer war Jesus nicht. Als die Kinder mal zu Jesus kommen wollten, wollten die Jünger sie wegjagen, dann hat er mit ihnen geschimpft und die Kinder zurückgerufen und sie gesegnet. Jesus hat die Kinder lieb, so wie eine Mutter."

„Also dann brauchte Gott doch gar nicht erst seine Tochter zu schicken", sage ich und will das Gespräch abschließen. Aber Marie setzt noch einen drauf: „Du sagst immer ‚seine' und nicht ‚ihre'. Ist doch gar nicht gesagt, dass Gott ein Mann ist! Wo steht denn das? Kann doch auch eine Frau sein." „Wie kommst du denn darauf, Marie?" „Meine Mutter hat gesagt, dass es Leute gibt, die das denken. Warum soll das nicht auch so sein?" „Dann müssten wir ja das ‚Mutterunser' beten." „Ja, warum nicht? Gott ist doch wie eine Mutter. Die ist immer für einen da. Die behütet das Kind, und die hat das Kind ja auch schon im Bauch gehabt."

Da hat sie gar nicht so unrecht, denke ich. Wenn Kinder um etwas bitten, dann rufen sie meistens: Mutter. Und selbst der Prophet Jesaja sagte einmal: „Ich will euch trösten, wie euch eine Mutter tröstet, spricht Gott."

Mich interessiert, was Marie darüber denkt und ich frage weiter: „Und Gott als Vater... wäre das dann so falsch?"„ Nein, der Vater hilft doch der Mutter und ist auch lieb zu den Kindern", sagt sie, „Ist eben so eine Gewohnheit, dass wir immer nur ‚Vaterunser' sagen."

Gott ist wie ein Vater zu uns aber auch wie eine Mutter ... – klingt etwas ungewöhnlich in meinen Ohren, aber ich habe verstanden, wie Marie das gemeint hat. Sie hat ihren Vater und ihre Mutter lieb. Dann wird das mit Gott genau so sein. Vielleicht hätte Jesus ja auch „Mutter" sagen können, denn seine Mutter war ihm näher als sein Vater. Als er geboren wurde und als er starb.

Was ist ein gerechter Lohn?

Du, ich habe eine Geschichte nur halb verstanden, die vom Weinberg.
Das ist auch eine besondere, schwierige Geschichte. Es war morgens um sechs Uhr, erzählt Jesus, da kamen die Arbeiter, um im Weinberg zu arbeiten. Sie wurden mit dem Besitzer einig, für einen Silbergroschen zu arbeiten am Tag. Einen Silbergroschen braucht eine Familie, um einen Tag zu leben. Um neun Uhr geht der Weinbergbesitzer noch einmal ins Dorf und da sieht er Leute, die sitzen einfach nur herum. „Was macht ihr denn hier? Warum geht ihr denn nicht arbeiten?" „Uns hat doch keiner irgendwie eine Arbeit gezeigt", sagen die. „Habt ihr nicht einfach Lust, bei mir zu arbeiten im Weinberg?" „Na klar ...", sagen sie und gehen mit ihm los. Und um zwölf und um drei Uhr geht er noch einmal zum Markt und holt noch ein paar Leute. Kurz vor Feierabend, um fünf Uhr, noch ein letztes Mal, da findet er immer noch einige und die kommen mit. Um sechs Uhr ist Feierabend. Da wird der Lohn ausgezahlt. „Erst kommen die dran, die um fünf Uhr angefangen haben," sagt er und da gibt er ihnen einen Silbergroschen. Und all die anderen, auch die, die morgens schon angefangen haben, kriegen einen Silbergroschen.
Aber, das ist doch ungerecht! Die einen, die haben den ganzen Tag sich abgeschuftet, die anderen erst 'ne Stunde und die kriegen alle das gleiche....
Siehst du, genau das haben die damals auch gesagt. Was machst du denn mit uns? Wir haben zwölfmal so viel gearbeitet wie die dahinten und die kriegen dasselbe Geld. Warum machst du das? Aber der hat geantwortet: „Warum guckt ihr mich denn jetzt so komisch und so ärgerlich an? Weil ich gut bin? Weil ich gütig bin? Wollt ihr vielleicht nicht, dass ich gut bin?"
Der wird ja immer unverschämter. Ja, gütig vielleicht. Aber gerecht doch nicht.
Tja Marie, was ist denn gerecht? Guck mal in unserem Land heute, da gibt es doch keine gerechten Löhne. Da müsste doch eine Krankenschwester, die auch nachts und sonntags arbeitet, genau so viel verdienen wie z. B. eine Lehrerin. Das finde ich auch. Die Arbeit bei Nacht ist doch viel anstrengender als die einer Lehrerin. Und Fabrikarbeiter am Band, der immer dasselbe tun muss, dass einem fast fusselig im Kopf wird, der müsste ja doch eigentlich genau so viel Geld kriegen wie ein Rechtsanwalt zum Beispiel? Guck, und ich sage Dir, die kriegen alle ganz unterschiedliche Bezahlung und Löhne. Marie, Gerechtigkeit gibt es nicht!
Also hat der Weinbergbesitzer doch recht gehandelt: Gleicher Lohn, damit alle leben können. Mich erinnert das ein bisschen an Jesus, der war doch auch immer gütig und hat alle Menschen gleich behandelt ...

Der blinde Bartimäus kämpft

Erzähl mir doch mal die Geschichte von Bartimäus, die hör ich so gern.
Ja, das mach ich doch, Marie. Also: Das war damals in Jericho. Der Bartimäus ist schon seit Geburt blind. Und darum sitzt er auf der Straße und bettelt. Und dann hört er, dass Jesus in die Stadt kommt. Als er ihn sieht, ruft er: Jesus, komm und hilf mir. Hilf mir doch, ich möchte wieder sehen können. Die Leute um ihn herum ärgern sich und sagen zu Bartimäus: Sei still, hau ab, halt den Mund. Aber er lässt sich gar nicht abhalten und ruft noch einmal: Hilf mir, Jesus. Da bleibt Jesus stehen und fragt ihn: Was willst du? – Ich möchte wieder sehen können, sagt er. Und dann sieht Jesus ihn an und sagt zu ihm: Du sollst sehen können. Dein Glaube hat dir geholfen. Da kann Bartimäus wieder sehen. Vor Freude steht er auf und will gleich mit Jesus mit gehen.
Ja, was fandest du denn das Schönste an der Geschichte?
Also, ich finde das Tollste, was Jesus sagt: Dein Glaube hat dir geholfen. Dein Glaube. Und er sagt nicht: Ich habe dir geholfen. Und wie denkst du darüber?
Das finde ich genauso. Ich finde es schön, dass er nicht sagt: „Ich, Ich", sondern „Du, Du": Du hast dir geholfen. Das muss ganz schön sein, wenn man das so sagen kann: Du hast dir geholfen.
Hmm, und das muss ihn so angepackt haben, den Bartimäus, dass er gleich mitgeht. Denn bis dahin hat er ja noch nichts von der Welt sehen können: Keine Blume, kein Menschengesicht, kein richtiges Dorf, keinen Wüstenstaub und nun geht er mit voller Freude mit Jesus, weil er ihm so viel verdankt. Aber eines interessiert mich ja doch noch: Wie du darüber denkst. Du hast gesagt: Nicht „Ich, Ich", sondern „Du, Du". Heißt das, dass ein Mensch sich selber heilen kann?
Ja, wenn man ganz fest daran glaubt. Wenn man aber denkt: Ich schaff das eh nicht, dann schafft man es auch nicht.
Naja, der Bartimäus hat das Kämpfen ja auch schon ein bisschen gelernt, als er sich gegen die Nörgler durchsetzte und sagt: Hier ... – ich rede jetzt mal.
Das fand ich ganz toll, denn er war ja alleine und die anderen waren so viele.
Und er setzt sich durch. Du sagst also: Man kann sich selber helfen, wenn man daran glaubt, Marie. Aber wozu braucht er Jesus dann noch?
Jesus gibt ihm erstens: Noch mal mehr Kraft – und zweitens: Der hilft ihm auch dabei. Ganz allein hätte er es wahrscheinlich doch nicht geschafft.

DER HERR IST MEIN HIRTE – VARIATIONEN ÜBER EINEN PSALM

Die grüne Aue: Erste Schritte in der Kindheit

Der HERR ist mein Hirte, mir wird nichts mangeln. Er weidet mich auf einer grünen Aue und führet mich zum frischen Wasser.
Er weidet mich auf einer grünen Aue. Ja, das war eine gute Zeit, die Kinderjahre damals auf dem Lande am Rande der Kleinstadt. In Ostfriesland, wo ich aufgewachsen bin, wo zwischen den Häusern noch viel Platz für die Wiesen ist. Gewiss, der Weg in die Schule war beschwerlich, die Kilometer auf dem Fahrrad, besonders im Winter. Und dann von der bäuerlichen in die fremde strenge Welt der Schule kommen, stattliche Lehrer, sehr ernste Menschen mit Anzug und Schlips. Aber wenn wir wieder zu Hause waren, tollten wir Kinder auf den Wiesen. Kletterten auf Bäume und holten uns nasse Füße am Rande der tiefen Gräben, versuchten das Wasser aufzuhalten, es mit Pflöcken und kleinen Dämmen umzuleiten, um dann wieder Platz zu machen für einen anschwellenden Strom. Leben auf grüner Aue, am frischen Wasser. Weiden, groß werden, genährt werden.

Ich muss an diese frühere Welt manchmal denken, wenn ich in unseren Kindergarten komme. Wie sind sie auch dort lebendig, basteln, singen, schwingen mit dem Kletterseil, helfen draußen im Gelände, rösten Stockbrot am Feuer und ruhen im alten Bauwagen. Welche schöne, leichte Welt. Doch die Erzieherinnen erzählen mir, wie anstrengend das Kind-Sein manchmal auch ist. Ständig müssen Kinder sich auseinandersetzen. Lernen, mit anderen zu teilen, anderen den Vortritt lassen. Und wenn die Großen fragen, müssen sie antworten. Immer essen und trinken, was die Erwachsenen für richtig halten.

Was für uns wie ein spielerisches Probieren aussieht, bedeutet für sie, bis an die Grenzen ihrer Kräfte zu gehen. Strecken müssen sie sich. Das Wichtige spielt sich für sie in einer Welt ab, die etwa einen Meter höher liegt als sie gucken können. Doch gehört gerade das zum Groß werden. Gefordert sein. Das alles allerdings in einem geschützten Raum, einem Garten. Leben wie auf einer grünen Aue. Das ist die Kinderzeit. Und wehe, wenn Erwachsene diese Welt zerstören oder nicht zulassen. Da werden wir aufmerksam und empfindlich. Kinderzeit muss sein wie Leben auf der grünen Aue, damit man vorbereitet ist für die rechte Straße, den eigenen Weg. Ich danke Gott für diese grüne Aue und das frische Wasser.

Die rechte Straße und die Suche nach einem Beruf

Er erquicket meine Seele. Er führet mich auf rechter Straße um seines Namens willen.

Er führet mich auf rechter Straße. Ja, als ich 19 war, da waren alle Wege offen, alle Straßen frei, noch nicht mal für das Studium der Medizin gab es eine Zulassungsbeschränkung. Gewiss, wir mussten auch arbeiten, aber unsere Ziele waren klar und vor allem, sie waren erreichbar. Ich muss da manches Mal dran denken, wenn ich den mühsamen Weg junger Erwachsener heute anschaue und habe Respekt vor allen Bemühen der Jüngeren um ihre Zukunft.

Bei Malte ist das zum Beispiel so. Eigentlich wollte er schon immer Journalist werden. Schon als 12jähriger hat er täglich die Zeitung gelesen. Selber Artikel schreiben, das wär's. Am liebsten aus der Welt des Sports. Das Zielband vor Augen schon früh. Aber wie dorthin kommen! Na, erst mal sich von den Eltern lösen, sich bewusst von ihnen absetzen, um ein anderer zu sein, sich messen an den Geschwistern und den Gleichaltrigen. Zu spät nach Hause zu kommen. Mal Blödsinn machen, um aufzufallen. Der lange Weg durch die vielen Schulfächer, Leistung zeigen, sich verbessern, sich durchwursteln. Jobben im Biergarten, mit dem Geld mit Freunden nach Kreta fliegen und Süd-Frankreich reisen. Dann muss Malte zum Zivildienst, eine erste Bewährungsprobe in der Welt der Erwachsenen, bestanden.

Studium? Mit der 3,3 im Abi wenig Hoffnung. Ausbildung bei der großen Zeitung? Da müssen Sie schon drei Jahre warten. Praktikum? Ein Jahr warten. Immer wieder von der Straße gewiesen, aber nicht aufhören, Wege zu finden. Ruf doch hier mal an, schreib dort mal hin. Und tatsächlich, sie antworten ihm. sechs Monate Praktikum beim Fernsehen in einer westdeutschen Großstadt.

Jetzt ist Malte 22 und verlässt sein Elternhaus, packt seine Sachen in den Leihwagen. Zum ersten Mal fühlt er sich richtig gefragt. Wie stark ihn das macht. Er löst sein Zimmer zu Hause auf. Jetzt ist er auf dem eigenen Weg, das spürt er. Viel wird gefordert von dem, der seine Straße sucht. Einsatz, Hilfe und etwas Glück und Segen. Gott sei Dank, er führet mich auf rechter Straße. Und ich denke, er ist gestärkt, auch ein finsteres Tal zu durchschreiten, wenn es denn kommen sollte.

Das finstere Tal in der Lebensmitte

Und ob ich schon wanderte im finstern Tal, fürchte ich kein Unglück; denn du bist bei mir, dein Stecken und Stab trösten mich.
    Und ob ich schon wanderte im finsteren Tal.
Er hatte seinen Weg gemacht, war auf rechter Straße gegangen. Im Beruf erfolgreich, Abteilungsleiter. Das Haus gebaut, die beiden Kinder mittlerweile 15 und 18. Aber irgendwas fehlte noch. Niemand spürte es, nur er selbst. Manchmal wachte er nachts um drei auf und konnte nicht mehr einschlafen.
    Auch tagsüber im Büro war er unruhig, sein Nacken drückte, seine Schultern waren schwer und verspannt. Und seinen Kindern zuzuhören, strengte ihn ungemein an. Eigentlich müsstest du dankbar sein, hast so vieles erreicht, lebst in einer intakten Familie, aber das Glück scheint zu fehlen. Er schwieg, bis, ja bis es plötzlich knallte. Er hatte sie schon länger gemocht. Er verliebte sich hoffnungslos. Und sie erwiderte seine Gefühle.
    Plötzlich war alles anders. Er war bereit, alles aufs Spiel zu setzen, als sei alles Leben bisher falsch und belanglos gewesen. Seine Frau merkte ihm das natürlich ziemlich bald an. Er gestand. Ein Jahr dauerte das Hin und Her der Gefühle, das Festfahren der Gespräche. Die Verzweiflung, die Tränen, Hoffnung auf richtige Entscheidung. Doch seine neue Freundin hat ihm die Entscheidung abgenommen und mit ihm Schluss gemacht. So konnte er sich wieder konzentrieren auf seine Ehe. Am Ende des Tales sieht er einiges klarer, fühlt er sich als gereifter Mensch. Und seine Frau hat sich in allem Schmerz nicht verleugnet, aber ihm auch Raum gelassen zum Leben und zum Reden vor allem.
    Wenn die beiden sich heute anschauen, dann sehen sie sich als erwachsene Gegenüber, die einander achten. Nun ist er gefestigt. Gewiss, da wird in Zukunft noch manches gemeinsam zu lösen sein, nicht auf einmal alles anders werden. Aber letztlich sind ihm Kräfte zugewachsen, die kein Mensch aus sich selber schöpfen kann. Gott sei Dank.
Das wirkliche Unglück ist nicht eingetroffen.
    Und ob ich schon wanderte im finsteren Tal
fürchte ich kein Unglück, denn du bist bei mir.
Jetzt freut er sich, dass er zu Hause angekommen ist.

Der gedeckte Mittagstisch

Du bereitest vor mir einen Tisch im Angesicht meiner Feinde. Du salbest mein Haupt mit Öl und schenkest mir voll ein.
Du bereitest vor mir einen Tisch. Sie kommen von der Schule heim, klingeln Sturm, obwohl sie einen Haustürschlüssel haben. Sie wollen von Mutter an der Tür empfangen werden. Die Tür geht auf, erst stürmt sie herein, die 14jährige, schmeißt ihre Schultasche in die Ecke, dann der Kleine. Michael, der Große, verschwindet, ohne was zu sagen. Die Tochter reißt die Küchentür auf. „Wann gibt es endlich Essen, ich habe Hunger." Worte überschlagen sich. Alles, was sich in sechs Stunden Unterricht angestaut hat, wird hier losgelassen.
„Was! Milchreis? Igitt, das mag ich nicht." – „Wir können nicht jeden Tag dein Lieblingsgericht kochen." Murrend setzt sie sich an den Tisch. „Ich esse das gerne, Mama", sagt der Lütje, der eigentlich immer zufrieden wirkt. Aber wer weiß, warum er so zurückhaltend ist. Manchmal wäre es gut, wenn er einmal etwas mehr aus sich heraus ginge. Mutter denkt das so nebenbei, während sie das Essen auf den Tisch stellt. „Können wir jetzt endlich essen?", drängt die Tochter. „Aber was ist mit Michael?" – „Der ist oben, wegen der Turnschuhe, glaub ich. Wollte doch heute Morgen unbedingt die teuren von NIKE haben. Ich habe ihm gesagt, dass er von seinem Sparbuch dazu bezahlen muss. Da hat er die Tür zugeknallt." – „Aber wir können doch jetzt nicht ohne ihn mit dem Essen anfangen", sagt der stille Junge. „Ich will aber gleich zu meiner Freundin", drängt die Tochter. „Ich gehe mal rauf und hol ihn", sagt Mutter.
Es dauerte eine Zeit, bis er noch etwas nölig herunterkommt, dann sitzen alle am Tisch. Und es wird erzählt von den Lehrern und dem Streit im Bus. „So, du bist heute mit dem Abdecken dran und du mit dem Müll", sagt Mutter zu den Jungs." – „Oh nein, kann ich das später machen?", kommt es wie aus einem Munde. „Los, macht das, und übrigens heute Abend, wenn Papa zurück ist, essen wir alle zusammen, Oma kommt auch zum Abendbrot." „Au ja, das ist toll." Die Mutter sinkt müde auf ihr Sofa, etwas einnicken möchte sie.
„Du bereitest vor mir einen Tisch im Angesicht meiner Feinde." – Wie viele kleine Anstrengungen, gegen die kleinen Bequemlichkeiten der Kinder zu kämpfen, mit ihren großen Wünschen umzugehen. Aber wie viel Leben am Tisch ist, wo sich alle sammeln. Ja, wenn mal einer fehlt, dann merkt man das.
Aber noch sind sie alle da. Und darum genießt sie diese lebendige, anstrengende Runde immer wieder, wo das pralle Leben nur so überfließt und wo man sich gegenseitig begrenzt und ermutigt. Aber das Rumpeln da oben holt sie schnell zurück in den Alltag. „Die streiten schon wieder. Na gut. Muss wohl so sein."

Bleiben im Hause des Herrn, wenn wir unser Haus verlassen

Gutes und Barmherzigkeit werden mir folgen mein Leben lang, und ich werde bleiben im Hause des HERRN immerdar.

Ich werde bleiben im Hause des Herrn. Als sie mit fast 90 Jahren starb, konnten alle sagen: Es war alles gut. Besonders die letzten Jahre hatten ihren besonderen Frieden und ihre Fülle. Das war nicht immer so gewesen. In ihren mittleren Jahren hatten die Kinder sie manches Mal gefürchtet. Sie hatte so fest gefügte Vorstellungen vom Leben, dass man über vieles gar nicht mit ihr reden konnte. So was von Empfindlichkeit. Aber alle hielten das aus. Niemand wollte sich mit ihr anlegen. Das Leben ging eine lange Zeit so gut, bis sie durch ein tiefes Tal musste. Sie musste nach der Pensionierung ihres Mannes das vertraute Haus verlassen. Ihr Mann starb bald darauf. Sie war erst gut 60. Das ganze wohlgefügte Gerüst zerbrach. Sie mochte keine Nacht mehr alleine sein. Sie lebte wie auf Wanderschaft, besuchte reihum für Wochen ihre Kinder.

Die nahmen sie ohne Murren auf. Die Mutter zu schützen, zu ehren, das hatte eine Selbstverständlichkeit. Obwohl, manchem Thema wurde aus dem Weg gegangen. Nur die Enkelkinder, später auch die Urenkel, die fanden das gut. Eine richtige alte Oma zu haben, die von fernen Welten erzählt. Und die setzten sich unbefangen zu ihr und konterten ihr auch: Aber Oma, das kannst du doch nicht sagen. Du bist aber altmodisch und verstaubt. Manchmal war sie leicht entrüstet über diese frechen Kinder. Sie lernte mit den jungen Leuten ihre harten Einstellungen aufgeben, die erste Scheidung in der Familie zu akzeptieren und fremde Wege der Kinder interessiert mitzugehen. Sie lernte eine tiefe Güte, weil sie losließ. Sie konnte das, weil sie zu Hause war. In der Geborgenheit ihrer Kinder.

Und als es ans Sterben ging, da kamen sie alle und nahmen Abschied. Alle wussten, worum es ging. So breitete sich in ihren letzten Wochen eine gewisse Heiterkeit aus. „Hauptsache, ihr seid alle um mich", sagte sie: „Ich danke euch." Sie war angekommen, war zu Hause.

Ich werde bleiben im Hause. Das Alter scheint mir ein Bleiben in einem Haus, das Ziel eines Weges zu sein. Übrigens, für sie war das Bleiben immer auch ein Bleiben im Hause des Herrn. Ihr Glaube war eindeutig. Und wie ich ihre letzten Jahre und ihr Sterben wahrnahm, dachte ich: Ja, selbst im Tode ist es für sie so wie im Leben. Ihr Tod wird nichts anderes sein als ein Bleiben im Hause des Herrn.

HIMMLISCHE LOVESTORIES

Wo zwei beisammen liegen

„Komm, Schatz, heute gehen wir mal früher ins Bett", sagt er „Es war gestern wieder so spät. Es ist so schön, morgens ausgeschlafen zu sein". – „ Okay, aber ich muss noch meine letzten Mails anschauen, dann komm ich auch. Wärm schon mal das Bett". Voller Zuversicht geht er ins Bad, zieht sich aus, putzt die Zähne, legt sich zufrieden hin, knipst die kleine Lampe über dem Bett an, nimmt die Zeitung, freut sich und liest die Seite „Vermischtes" über berühmte Leute und Schicksale von Menschen wie Du und ich. Das Bett füllt sich zunehmend mit seiner Wärme.

Die Seite hat er zu Ende gelesen. Wo bleibt Sie denn? Sie vertüddelt sich wieder am Rechner, denkt er. Er will gerade in seiner Zeitung weiterlesen, doch da hört er schon die Tür zum Bad, gleich ist sie da. So ist es. Er freut sich jeden Abend, wenn sie durch das Licht seiner Leselampe tritt und auf ihrer Bettseite im Schatten stehen bleibt. Er schaut für einen Augenblick an ihr hoch. Sie ist immer noch schön, denkt er. Sie legt sich zu ihm und kuschelt sich bei ihm ein. Er legt die Zeitung zur Seite, die Kälte auf ihrer Haut verwandelt sich in seine Wärme.

„Komm, ich muss dich noch unbedingt küssen". Er richtet sich auf und küsst ihre Stirn. Du bist meine große Frau, heißt das für ihn, hat er ihr mal gesagt. Dann kriecht er in ihre Arme und singt ihr ins Ohr, frei nach Ingo Insterburg: „Ich hatte ein Mädchen aus Limmer, die hatte einen Dimmer."

Er streckt sich zur Lampe und drückt den Schalter. „Ach", sagt sie, „mein Liebster, du und deine gute Laune! Tut mir richtig gut. Vor allem nach diesem anstrengenden Tag ...". Sie drückt ihn ganz fest an sich.

Steht schon in der Bibel: „So ist es besser zu zweit als allein. Wo zwei beieinander liegen, da machen sie sich warm."

Jetzt kommen die Alten

„Ich habe 270 Männer gehabt und war vier Mal verheiratet, aber keiner hat was begriffen", erzählt die ältere Frau mit klarer Stimme im Radio. Ich sitze am Sonntagmorgen still am Frühstückstisch und gehe noch einmal meine Predigt in Gedanken durch. Jetzt lege ich mein Manuskript erstaunt zur Seite. Sie erzählt weiter, dass fast kein Mann sie befriedigen konnte. Alle wollten nur schnell und nur das eine, keinen Sinn für ihren ganzen Körper.

NDR 1 Niedersachsen, ej, was ist denn das! Es kommt noch dicker. Ein älterer Mann sagt, dass sie früher nicht aufgeklärt wurden und wie sie als Jungs alles zum ersten Mal ausprobiert haben. Eine ältere Frau berichtet, dass sie alleine lebt und sie sich selbst befriedigt. Und es schön war.

Mein Lieblingssender. Du bist aber mutig. Ich höre Begriffe, die ich mich in einer Morgenandacht nicht auszusprechen getraue. Und ich bin nicht prüde. Jetzt hat der Alters-Sex auch NDR 1 Niedersachsen erreicht. Ich finde das nicht schlecht. Denn die Sehnsucht nach Liebe, Kuscheln, Haut und Sex hört doch im Alter nicht auf. „Es gibt doch so wunderschöne Berührungen", sagt die unverstandene Frau im Radio.

Unsere Kinder schütteln sich immer ein bisschen, wenn sie das Thema „Sex im Alter" hören. Alt gewordene Schriftsteller wie Martin Walser und Günther Grass machen aus dem verlorenen Sex Alt-Männer-Geschichten. Die mögen unsere Kinder nicht. Auch ihre Eltern stellen sie sich nicht gerne im Bett vor. Ich verstehe das.

Trotzdem, die Sehnsucht bleibt. Gut, wenn zwei Menschen sie auch im Alter leben können. Zu meinem 60. Geburtstag, das ist jetzt schon fünf Jahre her, da habe ich ein knallrotes Shirt getragen, darauf stand: „Alter schützt vor Liebe nicht, aber Liebe vor dem Alter."

Älter werden und Frieden beieinander finden. Im Hohelied in der Bibel heißt es: „Meine Brüste sind wie Türme, da bin ich geworden in seinen Augen wie eine, die Frieden findet."

Klären statt anschweigen, reden statt lügen

Marie und Marven, die Tochter und ihre Freundin, haben „Rossini" gesehen. Das ist der Film, den vor einigen Jahren viele im Kino gesehen haben, mit Götz George und Heiner Lauterbach. Wir hatten das erlaubt, obwohl im Untertitel stand „Die mörderische Frage, wer mit wem schlief", aber da stand ja auch „Freigegeben ab 12."

Gutsituierte Leute, Kleine und Große aus der Showbranche treffen sich im Rossini, dem feinen italienischen Restaurant. Die einen planen einen ganz großen Coup mit einem neuen Film, andere wickeln bei Salat, Antipasti und einem guten Wein ihre Geschäfte ab. Ich finde den Film spannend. Da passiert was. Da liebt die Servierin den jungen Dichter, der Produzent die Schauspielerin, der Chef seine Sekretärin, aber alle nur für kurze Zeit. Sie schlafen kreuz und quer, ohne Richtung und Ziel. Selbst die Affäre des Restaurantbesitzers geht am ersten Abend schon schief. Die junge vollbusige Frau haut mit dem ab, der ihr eine Filmrolle verspricht. Doch Sehnsucht nach Liebe haben sie alle, nach Nähe, Treue und Verlässlichkeit. Aber jeder ist nur mit sich selbst beschäftigt. So ist es.

Ich finde den Film gut. Aber Marie und Marven fangen schon eine halbe Stunde vor Schluss an zu stöhnen. „Oh, ist der langweilig!" Hinterher reden wir darüber. „Wieso langweilig?" – „Da sehe ich lieber ‚Verbotene Liebe' und ‚Gute Zeiten. Schlechte Zeiten'", sagt Marie, „da regeln die ihre Probleme wenigstens, da fetzen die sich auch, aber da geht das immer irgendwie gut aus. Sonst hat man ja gar keine Hoffnung mehr."

Jetzt habe ich sie verstanden. Wenn zwei Menschen ihre Dinge miteinander klären können, so meint sie, *dann* ist das wirklich spannend. Selbst wenn sie zum Entschluss kommen, dass sie sich trennen. Wenn sie offen miteinander sind, sich nicht anschweigen. Wenn sie das gemeinsame Leben nicht schlecht machen. Die Achtung nicht voreinander verlieren. In solchen Gesprächen kann man sich sehr weh tun, ich weiß, aber am meisten weh tut die Lüge. Wenn zwei dann nicht voreinander weg laufen und es durchkämpfen, dann bleibt Hoffnung.

Vertraute Fremde oder: Die Liebe gibt niemals auf

Sie sitzen sich lange gegenüber, fremd, als hätten sie nie 15 Jahre miteinander gelebt.
Jetzt ist die Wahrheit auf den Tisch gekommen. „Du Miststück, du hast mich betrogen. Wie konntest du das tun?", sagt sie zu ihm.
Er schaut vor sich wie kleine Jungen schauen, wenn sie ertappt worden sind. Fummelt an seinen Händen herum. Röte im Gesicht. Alle Ausreden sind verbraucht, ehe er sie ausgesprochen hat. Darum schweigt er.
„Ich hätte nie gedacht, dass uns das einmal passieren könnte, anderen ja, aber uns beiden nie", fügt sie hinzu.
Ich verstehe mich auch nicht, möchte er antworten, aber es klänge banal wie in einem billigen Roman.
„Ich hab an dich gedacht, vorher", sagt er, „ich habe es trotzdem getan."
Trotz, du kleiner Junge. Warum musstest du trotzig sein, wogegen musstest du dich wehren?
Aber gut, dass es jetzt auf dem Tisch ist. „Ich schäme mich", sagt er.
Und dann reden sie die ganze Nacht. Sie reden von ihren Wünschen, Entbehrungen, von Hunger und Trauer, von Bangen und Hoffen. Von Vertrauen, das verletzt ist.
„Habe ich versucht, ihn zu besitzen?", fragt sie sich still.
15 Jahre. Jeder ist nur bei sich selbst gewesen. Gelebt wie vor einem Spiegel gestanden.
Sie schweigen. Die Stille tut gut nach dem Kampf. Der erste Schein des frühen Morgens schimmert schon durchs Fenster.
Sie schaut ihm lange ins Gesicht. Wie sie es tat, wenn sie sich geliebt hatten. Sie legt ihre Hand auf seinen Arm, für einen Augenblick, steht auf, geht und sagt:
„Ich brauche Zeit." Er schaut ihr traurig nach. „Ich liebe ihn!", denkt sie. „Ich glaube, dies wird ein Anfang für uns beide werden."
Die Liebe ist langmütig und geduldig. Sie eifert nicht. Sie treibt nicht Mutwillen. Die Liebe gibt niemals auf.

Er hat eine andere

Sie kam aus gutem Hause. Ihre Eltern förderten sie. Im Sportverein, mit 15 lernte sie ihn kennen. Er war athletisch, trug schon früh einen Bart, seine Arme kräftig. Mit 18 fuhr er schon eine Ente, den 2CV. Alle mochten ihn. Aber er hatte sie auserwählt. Sie fiel auf durch ihr dunkles Haar. Und sie ließ sich nicht unterkriegen. Sie konnte zuhören, wenn er von seinen schwierigen Eltern erzählte, die alles besser wussten. Sie heirateten früh. Drei Kinder will ich haben, sagte sie von Anfang an. So geschah es. Kinder waren ihr ein und alles. Ihre Kinder wurden stark, sie hatte sie selbstbewusst erzogen. Die Kinder waren ihr Leben. Auch er kümmerte sich um seine Kinder. Jedenfalls zu Beginn.

Sie merkte nicht, dass er sich immer mehr entfernte. Durch Schuften im Garten, Doppelkopf spielen mit Kumpels, durch Kopfschmerzen, Erholungskuren, Dienstreisen. Bis er es ihr endlich sagte: „Ich habe eine andere". Und er zog aus. Bisher Undenkbares dachte sie nun. Ihre Gefühle zerrissen zwischen „Dieser Schuft" und „Was habe ich falsch gemacht!" Aber es war zu spät. Gespräche zu einem neuen Anfang weigerte er sich zu führen.

„Meine Kinder bringe ich auch alleine durch", machte sie sich Mut. Ein Ruck ging durch sie hindurch. „Mich hat nur verdient, wer mich liebt". Nachts, wenn die Kinder schliefen, rollte sie den Teppich in der Stube auf, und tanzte. Alles abschütteln, tanzte sich zur Musik in ein neues Leben. Allmählich wurde ihr klar, dass vieles ging, was früher nicht gegangen war, als sie noch mit ihm verheiratet gewesen war. Das häufige Meckern und Nörgeln von ihm blieb endlich aus. Ihre Kinder waren stolz auf sie. Sie wuchsen kernig heran, einer kräftiger als der andere. Inzwischen haben sie alle ihre eigene Familie. Und ihre Mutter ist Großmutter. „Wenn noch mal die große Liebe kommt, bin ich bereit", sagt sie.

„Ich kann niedrig sein oder hoch, Überfluss haben oder Mangel leiden", heißt es in der Bibel: „Ich vermag alles durch den, der mich stark macht."

Spucke drauf, wenn´s weh tut

„Manchmal könnte ich rasend werden", erzählt sie ihren Freundinnen, „da will ich mit meinem Mann was klären, rede auf ihn ein und er schweigt. Nun sag doch mal was, aber er bleibt stumm." – „Tja, Männer reden oft nicht gerne, wenn es um Beziehungen geht", schließt sie etwas resigniert, „abfinden kann ich mich damit immer noch nicht." Die anderen Frauen nicken. So ist es.

Menschen können sich ausschweigen, trauen sich nicht, zu reden. Männer neigen besonders dazu. Jeder hat da seine Geschichte, seine guten Gründe. Meistens schweigt jemand, weil er nicht gerne Streit will. Wenn ich jetzt was sage, wer weiß, ob die mich dann noch mögen. Dann gibt's bestimmt Ärger. Und das ist anstrengend. Das will ich nicht. Wenn ich frei reden soll, brauche ich Vertrauen. Dass ich nicht gleich was auf den Deckel kriege.

Wie jemand auf ganz ungewöhnliche Weise Vertrauen schaffen und jemand anderen zum Reden bringt, erzählt eine alte Geschichte in der Bibel. Da ist ein Mann, der nicht hören und nicht sprechen kann. Er ist taubstumm. Jesus sieht ihn, nimmt ihn zur Seite, spuckt sich auf die Hand und reibt ihm Speichel auf die Zunge.

„Igitt, igitt", möchte man sagen. Spucke auf die Zunge legen. Aber es ist seine Art, den stummen Mann zu heilen. Er nimmt eine ganz intime Beziehung zu ihm auf. Das erscheint uns ekelig, aber gar nicht so unbekannt. Spucke drauf, wo es weh tut. Das macht die Mutter auch, wenn das kleine Kind sich an der Tischkante gestoßen hat und vor Schmerz kümmerlich weint. In den Arm nehmen, streicheln, die Stelle mit Spucke einreiben. Das beruhigt. Eine ganz innige Beziehung stellt Mutter damit her. Körpersäfte werden ausgetauscht. Wie Liebende das tun beim Küssen. Spucke drauf, und das Kind hört auf zu weinen, der Stumme in der Jesusgeschichte kann wieder reden.

Ob das bei dem Mann auch so klappen könnte, der vor seiner Frau verstummt – die doch so gerne mit ihm reden möchte? Manchmal muss in der Ehe verloren gegangenes Vertrauen zurückgewonnen werden. Das ist nicht einfach, das braucht Zeit. Aber manch einer braucht nur einfach das Gefühl von Verständnis, ein gutes Wort oder einen liebevollen Kuss.

Mit 84 noch Sex?

Haben Sie das auch gelesen? Der amerikanische Nobelpreisträger für Literatur Saul Bellow ist im Alter von 84 Jahren noch einmal Vater geworden. Seine fünfte Frau, Janis Freedmann, 41 Jahre alt, schenkte einem Mädchen das Leben. „Junge, Junge, Donnerwetter", denke ich, allerhand. Der ist ja noch gut drauf. 84 und Vater. Aber ob der an das Kind gedacht hat? Das wird ja bald ohne Vater sein, wenn er jetzt schon so alt ist. Na, so was tun wohl nur die großen Männer wie Picasso, der war fast 90, oder Charlie Chaplin. Das sind diese besonderen Künstler, die brauchen ja immer mehrere Frauen in einem Leben. Die scheinen noch überschüssige Kräfte zu haben.

Mit 84 noch Sex! Vielleicht denken sie ja nicht daran, was aus ihren Kindern wird, sonst täten sie sowas nicht; aber andrerseits, die Frauen scheinen das ja auch gewollt zu haben. Einen erfahrenen Menschen als Partner. Und ein Kind. Warum bleibt uns das so fremd, wenn alte Männer noch Väter werden? Weil wir uns Sex im Alter gar nicht vorstellen können? Komische Vorstellung, wenn ältere Menschen sich küssen oder streicheln oder gar von Sex reden!

Gönnen wir Jüngeren den Älteren keine Lust mehr, den älteren Männern und den älteren Frauen, Lust auf Zärtlichkeit, auf Verrücktes oder Verbotenes? Soll das mit 70 aufhören, nur weil ich mir das nicht vorstellen mag? Man redet über so was ja leider nicht.

Da ist die Bibel offenherziger, wenn es um die sexuellen Bedürfnisse Älterer geht. Sie erzählt von Abraham und Sara, von Noah und Lot, von dem alternden David, ihrer Lust und ihrer Sehnsucht. Ich kann mir das gut vorstellen: Eine Frau verliert nach einem langen gemeinsamen Leben den Partner, nimmt in guter Weise Abschied und lernt noch jemanden kennen. Es kommt noch mal Bewegung ins Leben, fast so wie am Anfang. Sie spürt noch einmal ihre Lust und Liebe für einen Mann. Das ist doch toll!

Oder ein altes Paar ist sich durch ein langes Leben vertraut geworden. Es hat gute Tage hinter sich, aber auch welche, in denen sie sich fremd waren. Jetzt haben sie viel Zeit miteinander. Die vielen Anforderungen des Lebens liegen hinter ihnen. Die Kinder sind versorgt, die Arbeit ist getan, Thema Karriere ist erledigt. Die Verpflichtungen kriegen was Leichtes. Man muss nicht, man kann. Mal etwas tun, was man sich immer verboten hat, aber niemandem schadet. Das ist wie fliegen, hat mal eine alte Frau gesagt.

Mein Mann guckt Sexfilme

Die beiden alten Frauen sind richtig in Fahrt. Auf der großen Familienfeier sitzen sie mir gegenüber. Sie sind adrett angezogen, die Haare frisch frisiert, das Gesicht leicht geschminkt. Gewiss, man sieht ihnen an, dass sie beide über 70 sind, aber sie achten auf sich. Wir reden über dies und das, bis die eine plötzlich sagt: „Mein Mann guckt Sexfilme. Am Wochenende, spät nachts im Fernsehen. Anfangs hab ich noch mit geguckt, jetzt geh ich einfach ins Bett. Ich finde das widerlich." Trauer und Empörung stehen in ihrem Gesicht. „Meiner macht das schon lange!", sagt die andere. Auch sie scheint sich nach Jahren damit noch nicht abgefunden zu haben.

Puh, denk ich, und weiß darauf gar nichts zu sagen. Ich versuche, die Frauen und ihre Männer zu verstehen. Schade, dass das nicht zusammengeht. Aber über Sexualität spricht man nicht, über Sex im Alter schon gar nicht. Aber zu Hause denk ich weiter nach. Das kann doch ganz lustig und schön sein, einen Sexfilm zu sehen. Was ist dabei? Nur wenn es zwei Menschen trennt, ist das schade.

Ich finde, dass meine Lust mein Leben bereichert, spannender macht und kribbeliger. Damit möchte ich mich nicht verstecken. Ist doch ätzend, wenn das Leben in so einer festen Bahn verläuft. Man heiratet, ist jung und verliebt, freut sich an der Sexualität, man bekommt Kinder, macht sich viel Mühe, sie groß zu ziehen. Dann ist man über 50, die Kraft lässt nach und am Ende freut man sich, wenn man noch einigermaßen miteinander auskommt und noch einige Zärtlichkeiten übrig geblieben sind.

Ich mache oft die Erfahrung, dass Menschen Lust auf etwas Ungewöhnliches haben, da kocht etwas in ihnen, es brodelt richtig, aber sie trauen sich nicht, verkneifen sich schon, darüber zu reden, werden mürrisch und unausstehlich. Soll das so sein? Das glaub ich nicht. Das muss doch gehen, dass man sich seine Wünsche sagt, auch wenn sie unanständig erscheinen. Dass man miteinander etwas riskiert. Wenn zwei das auch im Alter noch gemeinsam hinkriegen, finde ich das Klasse!

VON WASSER UND SALZ

Es regnet und regnet

Es regnet und regnet. Ich bin im Kloster Bursfelde in der Nähe von Göttingen zu einer Klausur, stehe am Fenster und schaue hinaus auf die Weser. Es ist Frühling. Ich hätte Lust, den Schirm zu nehmen und an die frische Luft zu gehen. Aber es ist noch kühl. So bleibe ich drinnen und schaue hinaus auf den Fluss. Er fließt kraftvoll vor meinen Augen Richtung Nordsee. Ein mächtiger Strom mitten zwischen den Wiesen. Gefüllt mit Wasser bis an den Rand. Dieser Regen wird ihn noch stärker machen. Er drängt gewaltig ins Meer. Dort, im großen Meer wird er sich mit allen anderen Wassern sammeln, wird die großen Schiffe tragen, beladen mit Kaffee und Mais. Dann verdunstet das Wasser in der Sonne, steigt zum Himmel und kehrt als Regen zurück aufs Land.
Es regnet und regnet.
Ich kann mir gut vorstellen, dass im Wasser einmal alles Leben begonnen hat.
Ich schaue staunend hinaus. Die Erde ist feucht. Vor meinen Augen brechen die Bäume auf, die Blüten der Büsche wollen ins Leben. Mir ist, als wolle der Himmel der Schöpfung noch einmal eine kräftigen Schubs geben, kurz vorm Mai. Dass die letzten Samen, die noch schlummern, aufwachen und sich zeigen. Was für ein wunderbarer Kreis des Lebens.
Mit dem Regen ist es wie mit guten Worten, die ich anderen Menschen sage.
So wie der Regen nicht vom Himmel fällt und dorthin zurückkehrt, ehe er die Erde fruchtbar gemacht hat, so soll es auch mit meinen Worten sein. Sie werden nicht leer zurückkehren. In der Bibel steht das.
Gute Worte bringen Frucht. Jeder hat sie in Fülle.
Ich liebe dich.
Das hat du klasse gemacht.
Du bekommst immer wieder eine Chance.
Du schaffst es.
Gott behütet dich.
Musst mir nichts vormachen. Ich verstehe dich auch so.
Die Liebe hört niemals auf.
Gute Worte bringen Frucht. Gottes Worte.
Du musst sie nur über andere regnen lassen.
Herzen blühen auf.

Alles Leben fließt

In meiner Heimat Ostfriesland dreht sich alles um das Wasser. Die Deiche müssen hoch genug sein, damit das Meer das Land nicht bedroht. Die vielen Gräben in den Wiesen müssen frei sein. Wasser muss fließen, damit das Land nicht versumpft. Ein Leben zwischen den großen Wellen des Meeres und den kleinen Flüssen in den Wiesen.

Besonders aufregend aber war es, wenn die unterirdischen Flüsse sichtbar wurden. Beim Brunnen bauen. Wenn in unserem Dorf jemand sein Haus bauen wollten, bestellte er den Wünschelrutengänger, der bald mit Treffsicherheit die Wasserader auf dem Grundstück ausmachte. Zack, der kleine Draht mit seiner Y-form schlug nach vorne aus. „Hier könnt Ihr graben", sagte er und gab die Tiefe gleich mit an.

Schon kam der Brunnenbauer. Er fing an zu graben, andere halfen ihm. Es dauerte nicht lange, bis er im Loch verschwunden war, das Loch nicht viel größer als er dort unten zum Bewegen brauchte. Ein Tag Arbeit, 6 m tief, der Wasserpegel blieb konstant, geschafft. Nun konnte das Haus an der Stelle gebaut werden. Der Brunnenbauer erklärte uns das System der Wasserströme unter der Erde. Überall unter uns sind große und kleine Flüsse, ständig im Fluss, im Austausch mit den Flüssen über der Erde und dem Meer. Erst später ist mir das zu einem Bild geworden. Alles ist miteinander verbunden, miteinander in Bewegung. Alles Leben gehört zusammen und fließt. Das wird in unseren Tagen bestritten und vergessen. Wer in der Schule einem anderen Hilfe verweigert, um selber besser da zu stehen, zerreißt einen Lebenszusammenhang.

Wer die großen Ströme des Geldes um den Erdball benutzt und in seine eigenen Taschen lenkt, mag clever sein, aber er zerreißt das Leben.

Wer Menschen in Rassen sortiert und unterschiedlich bewertet, zerreißt das Zusammenleben. Wer ein Fußballspiel benutzt, um durch Schlägereien seinen öden Alltag aufzumischen, reißt auseinander. Wer jüngeren Leuten die Möglichkeit zur Beteiligung am Guten versagt, zerreißt auch. Wer einen Fluss aufhält und das aufgestaute Wasser nicht sinnvoll verwendet, der macht eine Landschaft zum Sumpf.

Die Wasserströme unter der Erde sind Gott sei Dank von keinem Menschen aufzuhalten. Sie fließen und verbinden alles Leben. Ich bin davon überzeugt, dass es in jedem Menschen ein Grundwissen gibt über das, was für alle Menschen wichtig ist, damit das gemeinsame Leben auf der Erde gelingt. Dieses Wissen verbindet uns und ist nicht aufzuhalten. Das wird oft vergessen. Darum find ich es wichtig, dass wir ab und an graben wie der Brunnenbauer. Dass wir das Gute, das in uns angelegt ist, wie Quellen freilegen und daraus schöpfen.

Der Ozean in uns

„Hast du schon einmal einem geliebten Menschen die Tränen weggeküsst?"
Ich habe das schon gemacht, mich dabei nicht geschämt, mir auch nichts dabei gedacht, dass die Tränen salzig schmecken wie der Schweiß. Was unser Körper in wichtigen Lebenssituationen ausscheidet, im Schmerz und im Schwitzen bei der Arbeit, schmeckt nach Salz.

„Das kann ich dir erklären", sagt mir ein Freund in meiner Gemeinde. Er ist Physiker und Mediziner und weiß sehr gut Bescheid. „Das liegt daran, dass der ganze Ozean in uns ist." – „Ozean in uns?" – „Ja, Wissenschaftler haben festgestellt, dass die Zusammensetzung des Salzes im Meer genau dieselbe ist wie im Körper des Menschen und der Tiere. Schon die ersten Meere auf der Welt waren Salzmeere, ehe es Lebewesen gab. „

„Aha", sag ich, „damit erklärt man dann auch, dass alles Leben aus dem Meer kam, erst die Wassertiere, dann die Landtiere, dann der Mensch, so wie schon die Schöpfungsgeschichte erzählt." – „Ja, so ungefähr, darüber müsste ich später aber mal mehr erzählen. Aber es stimmt: Der ganze Ozean ist in uns."
Da geht mir eine ganz neue Weltsicht auf. Poh, was für ein toller Zusammenhang. Dann bin ich ja durch dasselbe Salz mit dem Ur-Meer verbunden. Und mit den Tieren auch.

Bei „Meer" fallen mir natürlich tolle Bilder ein. Am Strand stehen, in Dänemark an der Nordsee oder in Frankreich am wilden Atlantik, baden und sich von den hohen Wellen umspülen lassen, in der Sonne liegen, die Haut, die nach Salz schmeckt, und den Blick auf den Wellen ruhen lassen. Immer ist das Wasser in Bewegung, schon lange bevor es mich gab, und es wird es noch lange nach mir sein. Und der Blick in die Weite, endlos, unbegrenzt, bis zum Horizont, wo sich die Linien von Himmel und Erde berühren. Bewegung und Weite. Der ganze Ozean ist in uns. Wie kann ich da eng und starr werden? Das Salz der Ur-Meere in meinem Körper. Was für ein Bild! Salz und Meer und ich. Diese Weite und Bewegung könnte auch die Kirche gut vertragen. Viele junge Leute sagen, dass sie das alle zwei Jahre einmal in der Kirche erleben, bei einem Kirchentag. Wie beim Kirchentag in Stuttgart unter der Losung: „Ihr seid das Salz der Erde". Das war auch das Motto vieler Vorträge, Gespräche und Aktionen.

Der Kirchentag: In Jazz und Gospel werden neue Formen probiert, den Glauben auszudrücken und Menschen in Bewegung zu bringen. Bibelarbeiten werden jeden Morgen von Tausenden besucht. Sie schärfen den Blick dafür, dass alles Leben zusammengehört. Gruppen stellen ihre Ideen vor, die frische Meeresluft in die Kirche und in unser Land bringen sollen. Und die tut wahrlich not.

Seid wie Salz – und seid barmherzig!

Eine Riesenpfanne steht da mitten im Raum, 160 qm ist sie groß. Ein eindrucksvoller Anblick in der kleinen Werkshalle in Göttingen. In der Pfanne wird Wasser erhitzt. Es brodelt und verdampft, an der Oberfläche bilden sich kleine Kristalle, verbinden sich miteinander, werden immer schwerer und sinken auf den Boden. Der Arbeiter setzt eine große Schaufel in Bewegung und zieht die Masse an das eine Ende der Pfanne in eine Saugpumpe, es rinnt durch eine Zentrifuge und wird getrocknet. Was ist auf diesem Wege entstanden? Salz. Salz wird auf die ganz alte Art und Weise gewonnen, heute noch, mitten in Göttingen.

Die knapp 20 Mitarbeiter der Saline Luisenhall geben nicht auf, auf alte Weise Salz zu gewinnen. Sie pumpen das salzhaltige Wasser aus der alten Salzquelle in 460 m Tiefe, kochen das Wasser in der großen Pfanne, dass es verdunstet und das Salz übrigbleibt. Und das begeistert mich. Unter dem Erdboden, auf dem ich lebe, fließt in vielen großen und kleinen Strömen das Wasser und führt das Salz mit sich.

Wasser und Salz, sie gehören schon immer zusammen. Das Wasser transportiert das Salz dorthin, wo ich lebe und wo ich es brauche. Wo es gefunden wird, ein Brunnen gebaut und die Pfanne erhitzt wird, ist es da und garantiert Leben. Viele Städte haben einmal diese aufregende Erfahrung gemacht, die Salzquelle unter sich entdeckt, das ganze Leben der Stadt erfuhr einen großen Aufschwung. Reich wurden diese.

Unter uns fließt das Salz und kann jederzeit gewonnen werden. Im Haus und auf dem Tisch wirkt es dann kleine Wunder, es reinigt zum Beispiel. Manche streuen sofort Salz auf den Fleck in der Tischdecke, wenn ein Rotweinglas umgekippt ist. Und siehe, es reinigt. Früher hat man sogar Salz in die Wunden gestreut. Das tut zunächst kräftig weh, aber es reinigt die Wunde, damit sie schnell wieder heilen kann.

Kein Wunder, dass Jesus das Salz als Bild für das Tun der Christen benutzt hat. „Ihr seid das Salz der Erde", hat er zu seinen Jüngern gesagt, gleich nach den Seligpreisungen. Gepriesen sind die Sanftmütigen, die Barmherzigen, die Friedfertigen.

Alles Verhaltensweisen von Menschen sind das, die auf andere heilend wirken. Seid wie Salz und seid barmherzig. Leute, die das ernst nehmen, kann unsere Gesellschaft gut gebrauchen. Viele tun das und sind Salz für andere. Viel mehr können das noch sein.

Meine Liebe ist größer als ...

Der König hatte drei Töchter. Er war ein bisschen eitel und wollte gerne gute Worte über sich hören. So fragte er seine älteste Tochter: „Wie lieb hast du mich?" – „Meine Liebe ist größer als Gold", antwortete sie. Er fragte die zweite dasselbe. „Größer als Edelstein", sagte sie. Die beiden Antworten erfreuten sein Herz und schmeichelten ihm. Schließlich fragte er auch die Jüngste: „Wie lieb hast du mich?" – „Meine Liebe ist größer als Salz", war ihre Antwort. „Salz?" Der König war empört. Mehr ist er seiner Tochter nichts wert?

Er überlegte nicht lange, rief seine Wachen und befahl: „Jagt sie aus dem Schloss, diese Unwürdige." Die Tochter kam unerkannt auf dem Dorf bei einem Bauern unter und wurde bald vergessen. Bis eine große Katastrophe über das Königreich kam. Langsam kam sie angeschlichen, sodass man sie zunächst gar nicht bemerkte. Es fing damit an, dass Menschen aus unbekannten Gründen starben. Ihre Haut wurde trocken, das Gesicht fahl. Sie starben, wie Früchte verdorren. Der König ließ Ärzte nach der Ursache forschen. Als diese die Häuser der Gestorbenen untersuchten, war sie bald gefunden. Wer gestorben war, hatte lange kein Salz mehr gegessen, denn es war knapp im Land geworden.

Als die Nachricht sich herumsprach, wurde es unruhig im Land. Die Preise für Salz stiegen. Man stritt um die wenigen Vorräte, bis kein Haushalt mehr Salz hatte. Selbst im Schloss ging das Salz aus. Immer mehr Menschen starben, so erzählt das Märchen weiter, bis Kundschafter einen weisen älteren Mann fanden. Er wusste, wo das Salz im Boden lagerte. Man grub die ersten Brunnen, förderte das Salzwasser aus den Quellen und gewann daraus Salz. Bald hatten alle wieder, was sie unbedingt zum Leben brauchten.

Salz. Der König verstand nun endlich die Antwort seiner Tochter. „Meine Liebe ist größer als Salz". Sie liebte ihn mehr als die anderen beiden Töchter. Auf Gold und Edelstein kann man verzichten, aber auf Salz nicht. Ohne Salz stirbt der Mensch. Denn Salz gibt es im Körper nur zusammen mit Wasser. Und wo kein Salz mehr ist, ist auch kein Wasser mehr.

Jesus sagt in der Bergpredigt: „Ihr seid das Salz der Erde. Ihr Jünger und Christen seid das Salz für alle Menschen. Wenn Ihr Gutes tut, muss man darüber nicht groß reden. Das Salz im Essen oder im Körper löst sich ja auch einfach nur auf und wirkt. Aber ohne Eure Güte und Liebe vertrocknet dieses Land."

Selig sind ...

Salz hat Kraft. Wie Dynamit. Es kann Eisberge zum Schmelzen bringen. Schon eine kleine Menge befreit Straßen von der Glätte. Erstaunlich ist die Energie dieser kleinen Kristalle: Wo das Salz entdeckt wurde, kam die Stadt zu großem Ruhm und Reichtum. Wo es im Überfluss oder knapp war, wurden Kriege um das Salz geführt. Eine Urerfahrung des Menschen auf der Erde war die Entdeckung des Salzes.

Salz reinigt und konserviert. Für mich als Kind auf dem Bauernhof war das sehr eindrücklich, wenn der Hausschlachter zweimal im Jahr auf unseren Hof kam, um ein Schwein für uns zu schlachten. Er brachte einen großen Sack Salz mit und geizte nicht, wenn er es mit vollen Händen über das Fleisch schüttete, um es einzulegen. Salz bewahrt das Fleisch davor zu faulen. So konnten wir es Monate später noch essen. Noch heute ist Pökelfleisch in meiner Heimat Ostfriesland die Delikatesse an besonderen Tagen im Jahr.

Wie kann so ein unscheinbares Element solche Kraft und Wirkung entwickeln? Obwohl ich ein Laie bin, gibt mir die Kenntnis der Chemie eine Hilfe zum Verstehen. Die chemische Formel für Kochsalz ist NaCl. Natrium und Chlor gehen eine Verbindung ein. Dabei ist jeder Stoff für sich allein richtig ätzend. Natrium als Metall und aus der Familie der Alkalisalze ist für sich ein angriffiger Stoff, Chlor wird in Übermengen ein gefährliches Giftgas und kann Explosionen verursachen. Zusammen, vereint, werden sie zu einem Lebenselement, zu Kochsalz, können würzen und konservieren. Mich begeistert das. Nicht zwei luschige, schlappe Elemente mit halber Kraft, sondern zwei starke Energien verbinden sich und bewirken Veränderung.

So ein kraftvoller Mensch wie Jesus von Nazareth musste natürlich auf das Bild des Salzes kommen, wenn er Leute mit seiner Predigt anstoßen wollte. „Ihr seid das Salz der Erde", sagte er in seiner Bergpredigt und sprach damit Menschen an, die seinem Wort und die Gott etwas zutrauen. Was er damit inhaltlich meinte, ist wahrlich keine schlappe, fade oder populäre Kost, die runterginge wie Butter, Honig oder Brei.

Selig sind, die Durst nach Gerechtigkeit haben, die sich mit dem Unrecht auf der Welt nicht abfinden, selig sind die geistlich Armen, die sich bewusst sind, dass wir nicht die Hebel für diese Welt in der Hand haben und wir viel dankbarer werden müssten. Haltungen sind das, die das Zusammenleben in unserem Land würzen und bewahren helfen.

WIR SIND EINE FAMILIE

Stand by me

Da stehen sie wieder vor der Tür. Sonntagmittag, 14 Uhr. Die beiden Obdachlosen wollen Brot von mir, aber noch lieber Geld. „Konntet ihr nicht bis 12 in die Oase zum Essen gehen?" Die Oase ist unsere Tagesunterkunft für Wohnungslose. – „Tschuldigung, Pastor", sagen sie, „wir haben verpennt." Ich mache ihnen was zu essen. Sie danken und gehen wieder.

Warum mache ich das? Weil ich Mitleid habe? Ich glaube nicht, es ist mehr ein Mitgefühl. „Gut, dass ich nicht so leben muss", hab ich gedacht. Kann mir nicht vorstellen, draußen zu schlafen. Ja, Mitgefühl. Ich fühle mit anderen Menschen.

Mitleid? Das muss noch mehr sein. Dann leide ich mit anderen. Ich sitze neben Maike, meiner Tochter, auf dem Sofa. Sie ist gerade aus der Klinik gekommen. Das Ergebnis der Untersuchung liegt vor. Sie war die letzte Zeit müde und kurzatmig gewesen. Nun steht es fest: Lymphdrüsenkrebs. Starr und schweigend sehen wir uns an. Wir halten miteinander aus. Es scheint mir schwerer zu fallen als ihr. Unerträglich, was meine Tochter getroffen hat... Ich fühle mich ohnmächtig. Ich leide mit ihr. Das ist Mitleid. Ohnmächtig miteinander aushalten. Richtig weh tut das.

Aber kann ich wirklich mit ihr leiden? Die Schmerzen hat nur sie. Ich kann sie ihr nicht abnehmen, so sehr ich auch möchte. Die schweren Gedanken muss sie alleine aushalten. Ich kann sie anhören. Sie muss ihr Leid selber tragen.

Das Leid kann ich dem anderen nicht ersparen. Aber was wir einander in der Not geben können, ist mitgehen, beistehen, beten.

„Stand by me", heißt ein Lieblingsschlager aus den 80ern. Steh hinter mir, steh neben mir. Letztens habe ich ihn wieder gehört. Eine Band spielte da. Die vier sangen mit ungeübten Stimmen und quietschten vor Vergnügen. Jens auf der Trommel, Jasmin mit der Triangel, Frank mit der Rassel, Yvonne am E-Piano, der Zivi mit der Gitarre.

Jens, Jasmin, Frank und Yvonne sind behindert. Sie spielten zum Abschied ihres Werkstatt-Leiters unbekümmert vor 150 Gästen. Sie brauchen kein Mitgefühl und kein Mitleid. Einfach nur hinter ihnen stehen. Das genügt. Das macht sie fröhlich und stark. So hat auch Maike ihre schwere Krankheit bewältigt. Mit ihrer Familie und Freunden, die hinter ihr standen.

Eine Familie ohne Liebe

„Meine Kinder sind alle sehr erfolgreich", erzählt die Mutter stolz: „Meine Tochter leitet die Küche eines Nobel-Restaurants. Ihre besten Rezepte wurden gerade in einer großen Zeitung veröffentlicht. Unser Ältester ist Abteilungsleiter einer Bank und macht große Wertpapier-Geschäfte mit bekannten Firmen. Und er hat drei reizende Kinder. Unser zweiter Sohn ist Literaturprofessor. Er hat eine Karriere an der Uni vor sich. Zurzeit leitet er ein Projekt in Litauen. Entwicklungshilfe. Nur mein Mann macht mir Sorgen. Er hat Parkinson. Aber Weihnachten, da werden wir alle zusammen sein. Ich habe schon alles fest geplant. Ich weiß genau, wie das laufen soll."

So erzählt ein amerikanischer Schriftsteller in seinem neuen Familien-Roman. Jonathan Franzen heißt er. Die Mutter hat sich ein festes Bild gemacht. In Wirklichkeit sieht alles anders aus. Die Tochter ist gerade rausgeflogen. Sie hat eine lesbische Beziehung zur Frau ihres Chefs. Der Älteste ist nach 15 Jahren Ehe am Ende. Sie kabbeln sich nur noch, und die Kinder wissen nicht mehr, wohin sie gehören. Der Jüngste hat seinen Uni-Job geschmissen und arbeitet in einer Internet-Betrugsfirma in Litauen.

Und Weihnachten geht natürlich schief. Die Kinder kommen zwar nach Hause, aber die Stimmung ist gereizt. Mutter beherrscht alles. Sie will alles so sehen, wie sie es haben will. Es soll so sein wie früher. Als die Tochter beim Abwaschen fragt: Willst du wissen, Mutter, weshalb ich rausgeflogen bin, antwortet sie: Nein. Ein Gespräch ist nicht möglich. Es würde nicht ins Bild passen.

Da sind sie alle zusammen, aber völlig ohne Liebe. Das ist wohl das Problem in dieser Familie. Einer macht sich ein Bild vom anderen. Ein Hochglanzbild sozusagen. Schwächen und Fehler haben da keinen Platz. Wenn wir uns gegenseitig sehen, wie es uns passt, ist keine Entwicklung, keine Veränderung mehr möglich. Kein Raum für Verständnis, für Hilfe, für Geborgenheit und Trost.

In dem Roman ändert es sich erst ein wenig, als die Last der Krankheit das Haus verlässt und der Vater gestorben ist. Das wirkt sehr ernüchternd. Darum ist das offene Gespräch so wichtig. Von einander hören, den anderen verstehen und nicht bei seinen festen Bildern bleiben. Das braucht jede Familie.

Konfirmation in Jeans und Turnschuhen

„Konfirmieren Sie Holger jetzt auch?", fragt mich Katrin mit neugierigem Blick. Wir haben uns eine halbe Stunde vor der Konfirmation im Gemeindehaus versammelt. Alle chic gekleidet in schwarz und weiß, ein Sträußchen im Revers oder Maiglöckchen aufs Gesangbuch gelegt. Nur Holger nicht, der ist in Pullover, Jeans und Turnschuhen gekommen.

Er wirkt darin leicht unsicher, doch er hat es gewagt. Selbst seine starke Mutter hat es nicht verhindern können. „Natürlich wird er konfirmiert", antworte ich. „Ihr werdet doch nicht uniformiert, sondern konfirmiert!" Und dann ziehen wir in die Kirche ein und sind uns der staunenden und leicht empörten Blicke der Gemeinde gewiss.

Konfirmiert und nicht uniformiert werden – obwohl es doch schön ist, wenn die festliche Freude der Konfirmanden sich auch in der Festkleidung widerspiegelt.

In meiner ersten Gemeinde, 1977, wollte ich diesen Spagat hinkriegen: flotte Kleidung, in der sich die Jugendlichen wohl fühlen und die man später noch mal trägt, ehe man raus gewachsen ist. Aber auch die Festlichkeit und der Gleichklang sollten sichtbar werden. Ich habe die Eltern und Kinder, es waren über 60 Konfirmanden im Jahrgang, darüber diskutieren und abstimmen lassen, auf welche Kleidung sich alle einigen. Das war eine Diskussion! Am Ende aber eine Einigung. Es haben sich tatsächlich alle auf weiße Bluse, schwarzer Rock für die Mädchen geeinigt und schwarze Hose, grünes Jackett für die Jungens. Wenn ich sie Jahre später bei festlichen Anlässen im Dorf mal wiedersah wie beim Abschlussball vom Tanzkurs, erkannte ich sie sofort wieder. Grüne Jacke? Klar, Jahrgang 1977. So eine Abstimmung habe ich als Pastor nie wieder gemacht.

Obwohl der Gedanke ja richtig ist: Jetzt seid ihr konfirmiert. Ihr gehört zu der Gruppe der Christen in unserem Dorf und in der ganzen Welt. Ihr gehört dazu. Das kann man erkennen: Wenn Ihr die Hände faltet, zum Gottesdienst und Abendmahl geht, Paten werdet, zur kirchlichen Trauung kommt, Euch selbstlos für andere einsetzt. Dazu zu gehören, ist etwas Besonderes. Darauf kann man sich konfirmieren lassen.

Aber das andere gilt auch: Ihr seid nicht uniform, nicht einheitlich. Ihr habt alle eine eigene Geschichte in Euren Familien, Ihr habt einen eigenen Weg mit Gott. Und das wird so bleiben ein Leben lang. Jeder eine eigene Persönlichkeit. Vor Gott allemal. Das galt bei der Taufe und gilt bei der Konfirmation. Das kann man richtig feiern. Da ziehen sich viele gerne chic an. Sie gehören alle zu Gott, auch Holger natürlich, in Jeans und Pullover.

Die Liebe wird den Sohn retten

Verzweifelt und niedergeschlagen steht der Vater vor der Tür des Pfarrhauses. Der Kollege bittet ihn ins Amtszimmer, lässt ihn erst mal Luft holen und Worte fassen. Dann erzählt er die Geschichte seines Sohnes. 20 ist er inzwischen. Als Kind war er immer so ein lieber Kerl gewesen. So viel Freude hatten sie an ihm gehabt. Jetzt ist er völlig aus dem Lot. Hat seine Lehre geschmissen, ist nachts unterwegs, kommt früh morgens nach Hause, hängt den ganzen Tag lustlos rum oder zappt sich durch alle Fernsehprogramme. Sie können das überhaupt nicht erklären. Entweder ist er unglücklich verliebt. Aber davon hat er nichts erzählt. Oder ist er als Kind zu brav gewesen, haben die Eltern ihn verwöhnt? Hat er nie mal etwas riskieren können und über die Stränge schlagen, sich ausprobieren können?

Es hat vor einem halbem Jahr plötzlich angefangen. Er hat sich heimlich die Autoschlüssel genommen, das Auto seines Vaters aus der Garage geholt und mit Beulen zurückgebracht. Natürlich nichts davon erzählt. Sie haben es erst zwei Tage später festgestellt. In der Disko hat er sich in eine Schlägerei verwickeln lassen. Unser Junge, der sonst niemandem etwas zu leiden tun konnte. Und jetzt ist er auch noch in der Drogenszene versackt. Sein Zimmer riecht seit einigen Wochen so süßlich. Wenn ich ihn drauf anspreche, wird er wild.

Wir wissen nicht mehr, was wir tun sollen, sagt der Vater zu meinem Kollegen. Wir haben versucht, mit ihm zu reden, aber er schweigt. Was wollt Ihr denn, lasst mich in Ruhe. Ich ziehe sowieso bald aus. Ich könnte rasend werden, sagt der Vater, meine Frau kriegt davon bald graue Haare. Aber wir haben solche Angst, ihn zu verlieren. Wir kommen nicht mehr an ihn ran und möchten ihm doch so nahe sein, erzählt der Vater und dann sagt er: „Ich möchte lieber mit ihm in der Hölle sein als ohne ihn im Himmel".

Ich kriege eine Gänsehaut, als mein Kollege mir diese Geschichte erzählt und muss – selbst Vater – mit einer Träne kämpfen. Lieber mit ihm in der Hölle als ohne ihn im Himmel. So weit kann die Liebe eines Vaters gehen. Ich glaube, diese Liebe wird den Sohn am Ende retten.

Eine Sünde, die Leben zerstört

Über eine Stunde haben sie am Tisch schon auf ihn gewartet. Wenigstens am Sonntagmittag gemeinsam essen wollten sie doch. Um zwei Uhr kommt er schließlich nach Hause. Seine Frau und die Kinder gucken ihn stumm und ängstlich an. Sie tut ihm als erstem von der guten Hühnersuppe auf. Aber er steht auf, nimmt den Teller und haut ihr das Essen vor die Füße, dass es durch die ganze Wohnküche spritzt.

Er brüllt und geht nebenan ins Schlafzimmer. Sie hören, wie er sich keuchend aufs Bett schmeißt. Wieder ist er betrunken nach Hause gekommen. Aufgescheucht und ratlos schauen sich Mutter und ihre Söhne an. Zwischen 16 und 20 sind die drei. Sie werden gerade Männer. Ihre Blicke sprechen Bände: „Wir halten das nicht mehr aus. Wir verprügeln ihn." „Nein, lasst das, Kinder", sagt sie, „ich muss das alles wieder auslöffeln." Sie holt den Aufwischeimer, putzt die Küche, die Kinder helfen ihr, dann folgt sie ihm ins Schlafzimmer. Bald hören sie wieder die eindeutigen Geräusche. Er ist wie immer über sie hergefallen.

Wenn mein Freund mir von seiner Kinderzeit erzählt, ist ihm, als sei es heute passiert. Er wird diese Geschichte und all die anderen mit seinem Vater nicht mehr los. Seine Mutter ist damals früh gestorben, der Kummer hatte sie verzehrt. Er starb ein paar Jahre später plötzlich an einer Lungenentzündung. Er hatte den Ärzten verschwiegen, dass er Alkoholiker war.

Wie oft hat mein Freund gegrübelt: Was hat meinen Vater zum Trinker gemacht? Wer ist schuld? Hat er selber von einschneidenden Erlebnissen erzählt? Nein, nie. Böse Kriegserfahrungen? Nein. Unverständige Frau? Nein. Schwer erziehbare Kinder? Nein. Unglück im Betrieb? Nein.

Seine Eltern, beide, sind auch im Suff gestorben. Das könnte es sein. Er kannte als Kind nichts anderes. Aber reicht die Erklärung für einen Vater? Die Liebe anderer Menschen hat ihn nie erreicht. Schritt für Schritt hat er alles kaputt gemacht

Die Trunksucht zählte man einmal zu den sieben Todsünden. Eine Sünde, die Leben zerstört. Das ist wahr.

Wie froh bin da, dass ich in meiner Gemeinde jeden Donnerstagabend die zwölf Frauen und Männer in unser Gemeindehaus gehen sehe, froh, aufrecht und selbstbewusst. Sie waren mal Alkoholiker und haben es geschafft. Sie sind trocken. Nun treffen sie sich regelmäßig und können offen darüber reden und anderen, die zu ihnen in die Gruppe kommen, helfen.

Der Hund hat mich nach Russland geschickt

Vater war 1942 in Russland im Krieg gewesen, viel mehr weiß Jan nicht über diese Zeit. Er hatte sich auch nie getraut zu fragen. Nur damals, 1968, als Jan Politik in Berlin studierte und bei den Linken mitmachte, gab es zu Hause immer Krach. „Willst du zu den Kommunisten gehören?", rief der Vater dann. Er wirkte immer unnahbar. Und über den Krieg reden – das wollte er erst recht nicht.

Als Jan dann Inge geheiratet hatte, besuchten sie die Eltern nur noch einmal im Jahr. Wenn er wieder mal nach früher fragte, sagte Mutter wie eine Komplizin: „Nun lass ihn doch." Jetzt ist Mutter tot, Vater seit sechs Monaten im Senioren-Stift. 85 ist er jetzt. „Zieh doch in unsere Nähe", hatten sie zu ihm gesagt. Und er tat es.

Inge besucht ihn seitdem einmal die Woche. Er lässt sie spüren, dass er sich freut, wenn sie kommt. Sie schaut ihn lange an, als sie wieder einmal schweigend zusammensitzen. Ziemlich tief haben sich die Falten in sein Gesicht gegraben.

„Ich hab im Krieg meine Glauben verloren", sagt er plötzlich, „meinen Glauben an die Menschen und an Gott. Der Hund hat mich nach Russland geschickt." Mit Hund war Hitler, mit Russland war Stalingrad gemeint. Während er das sagt, ziehen sich seine Augen eine Spur zusammen. „Seitdem glaub ich nur noch, was ich sehe. Ich habe genug gesehen in meinem Leben. Woran soll ich denn glauben? An das Gute im Menschen? Ne, ne, weißt du, wenn neben dir einer verreckt, dann glaubst du gar nichts mehr."

„Du hast gesehen, wie deine Freunde neben dir sterben? Das erzählst du uns ja zum ersten Mal," sagt Inge. Sie schaut ihn aufmerksam an. Sie schweigen. Sein Gesicht fängt an zu zucken, er atmet kurz, seine Augen röten sich, dann bricht es aus ihm heraus. Er beginnt bitterlich zu weinen. Er zittert am ganzen Körper. Es schüttelt ihn. Inge steht auf und stellt sich nahe vor ihn. Er drückt seinen alten Kopf an ihren Schoss und weint und schluchzt wie nur Kinder weinen können.

Sie streicht ihm über sein spärliches Haar. Sie verweilen eine Zeit. Dann richtet er seinen Kopf auf, atmet tief durch, sucht ihren Blick und steht langsam auf.

„Selig sind die Trauernden, sagt Jesus, denn sie sollen getröstet werden".

Am Esstisch fängt die Liebe an

Anja hungert, weil sie Filmstar werden will. Sandra hungert, weil sie zu ihrem zehn Jahre älteren Freund gezogen ist. Der will sie unbedingt ganz schlank haben. Yvonne geht aufs Klo und kotzt ihr Essen wieder aus, weil ihr Elternhaus sie anwidert. Jens hungert, weil er auffallen und Beachtung finden will. Petra hungert, weil sie endlich auch ihren ersten Freund haben will. Spindeldürr sehen sie alle aus und finden sich nicht mal richtig schön dabei.

Ich bin erschrocken, als meine Tochter mir wie im Schnelldurchlauf die Geschichten aus der Schule erzählt. Es beschäftigt sie sehr. Sie ist ein bisschen runder als die anderen. „Liebe geht durch den Magen", hieß es einmal. Die Geschichten der 17jährigen Mädchen kehren die alte Erfahrung ins Gegenteil. „Mangel an Liebe kann auch durch den Magen gehen."

Wenn es einem gut geht, dann schmeckt das Essen, dann ist Essen ein Genuss. Das andere kenne ich persönlich allerdings auch: Wenn ich den ganzen Tag dauernd unterwegs war und keine richtige Pause machen konnte, abends spät nach Hause komme und meine Frau mir noch ein paar Schnittchen machen möchte, dann sage ich, obwohl mein Magen knurrt: „Nein, ich möchte nicht mehr." Ich habe keine Ruhe zum Essen, keinen Appetit. Ich ärgere mich, dass ich den Tag so verplant habe. Ich esse nichts und bestrafe mich für einen verhunzten Tag. Das kenne ich auch.

Aber dauernd nur das Nötigste essen, dünn werden wollen, anfangen, sich zu zerstören, das finde ich beunruhigend. Junge Leute tun sich oft was an, nur um geliebt zu werden. Und es klappt nicht einmal. Sie verkommen geradezu. Sie verwunden sich im Herzstück ihres Lebens, im Genießen von Essen und Trinken.

Wie schön kann es dagegen sein, wenn Eltern und Kinder, wenn Freunde zusammensitzen. Der Tisch ist gedeckt, sie reichen einander zu. Sie reden miteinander, sie achten aufeinander. Am Tisch fängt die Liebe an und geht dann durch den Magen.

„Gar nicht so einfach", sagt meine Tochter, „ein bisschen dicker zu sein, wenn alle schlank sein wollen. Aber ich fühle mich so wie ich bin viel wohler."
„Ja, das merkt man dir an", sage ich, „wie du dich bewegst, dein volles schwarzes Haar, dein offenes Gesicht ..."

VON KRANKHEIT UND ALTER

Auch Männer haben ihre Wechseljahre

„Man sieht Sie ja gar nicht mehr im Theater", sage ich, als ich ihn samstags auf dem Wochenmarkt treffe. Wir saßen jahrelang jeden Monat nebeneinander. „Haben Sie Ihr Abonnement abgegeben?" „Ja, schweren Herzens, es ging nicht mehr." Er nimmt mich ein bisschen zur Seite. „Sie wissen ja, wir Männer über 60 haben auch unsere Wechseljahre, wir reden aber nicht so gerne darüber." Dann erzählt er mir, was im letzten Jahr los war.

Er sitzt im Theater, plötzlich drückt die Blase, er ist kurz vor der Vorstellung noch mal rausgegangen, aber es geht schon wieder los, er sitzt neben mir in der 7. Reihe Mitte. „Du kannst doch jetzt nicht aufstehen, du störst ja, du fällst auf. Meistens ging es gut, aber jedes Mal diese Angst. Nee, das machte keinen Spaß mehr."

Er war ja immer zur Vorsorge gegangen. „Bei Männern ab 60 ist das so mit der Prostata, das macht die hormonelle Umstellung", beruhigte der Arzt. Doch nach der letzten Untersuchung rief er zwei Tage später an. „Ihr PSA-Wert ist erhöht, der Krebsmelder im Blut. In sechs Wochen kontrollieren wir noch mal."

Da war es mit dem Frieden dahin. Er suchte im Internet, um alles über PSA und Prostata zu erfahren. „Blöde Messerei, der Mensch besteht doch nicht nur aus messbaren Daten", denkt er, „da wird doch nichts sein."

Sechs Wochen später, der Doktor sagt: „Ich fühle zwar nichts bei der Untersuchung, aber in sechs Wochen müssen wir noch mal messen." Nun kämpft er weiter mit seiner Unruhe. Manchmal sieht er sich schon im Sarg. Er hat keine Freude mehr, wie ein Schatten liegt das auf seiner Seele. Seine Frau sorgt sich sehr.

„Au, Mann", denk ich, „in der Welt habt ihr Angst, sagt Jesus, ich hab die Welt für euch überwunden". Darüber hab ich oft gepredigt. Klingt noch mal ganz anders, wenn man mitten drin steckt von Untersuchung zu Untersuchung.

Letzten Samstag hab ich ihn wiedergesehen. „Na, wie geht's?"- „Oh, ich hab noch ein paar unruhige Wochen gehabt, sie mussten dann doch eine Gewebeprobe nehmen, das tat nicht weh. Und das Ergebnis war gut." „Na", sage ich, „Gott sei Dank.".

Andere glauben für Dich

Im letzten Februar hieß es für die Frau: Gebärmutterkrebs. Rechtzeitig erkannt. Aber sofort operieren, sagte der Arzt. Mit etwas Bangen ging sie am Tag nach ihrem Geburtstag in die Operation. Doch gut überstanden. Keine Chemo nötig, keine Bestrahlung.

„Mensch", sagte ihr Mann, „da kannst Du doch dankbar sein". Aber sie blieb regungslos im Gesicht. Sie fühlte sich angeschlagen.

Nie war sie krank gewesen, hatte sich immer um andere gesorgt. Im Morgengebet hatte sie manchen Namen genannt. Sie war immer eine große Beterin. Jetzt wirkte sie wie benommen und sagte zu ihrem Mann: „Jetzt musst du unser Gebet sprechen." Hat er getan. Sie las sonst auch jeden Morgen die Losung vor. Jetzt sagte sie zu ihm: „Musst du lesen, ich kann nicht".

Kommt schon wieder, dachte der Mann. Aber sie blieb stumm.

Ihr Faden zum Himmel war gerissen. Ihr Urvertrauen gestört. Sie hatte ihre Sprache verloren. Ihr Mann war sehr beunruhigt, so kannte er sie nicht. Der Körper wurde wieder gesund, aber der Glaube ...?

Schritt für Schritt fasste sie wieder Vertrauen zu sich und zu Gott. In ihrer letzten Predigt – sie ist Prädikantin – konnte sie es offen ausdrücken, wie es um sie steht. Sie erzählte von der Frau aus der Bibel, die Jesus inständig, fast nervig, mit Erfolg um die Heilung ihrer Tochter bittet. „Das Beten fällt mir noch schwer", sagt sie, „aber ich habe viele Karten und Briefe während der letzten Monate bekommen." „Ich bete für dich", haben ihr darin etliche Menschen geschrieben.

„Das hat mich sehr getröstet und gestärkt", sagt sie. Wenn mein Glaube klein wird, glauben andere für mich. Wenn ich nicht mehr beten kann, beten andere für mich.

Die Kraft geprägter Worte

Die alte Dame schaut mich mit wachen Augen an und sagt: „Die Lieb versüßet jede Plage, ihr opfert jede Kreatur. Sie würzet unsre Lebenstage, sie wirkt im Kreise der Natur".
„Mozart, Zauberflöte", ergänzt die 92jährige. Ich schaue sie irritiert an. Gerade noch hatte sie mich etwas verworren gefragt, wer diese Frau in Blau in ihrer Wohnung eigentlich sei. Sie meinte damit die Gemeindeschwester, die sie schon seit Jahren regelmäßig versorgt und in ihrer Wohnung ein- und ausgeht.
„Wer sind Sie?", hatte sie gefragt, als die Schwester eben aus der Küche zurückkam. Ich nehme Staunen wahr, über das, was ich da gerade erlebe. Wie benebelt, orientierungs- und hilflos wirkt die alte Dame, als es um die Gegenwart geht, selbst vertraute Beziehungen aus den letzten Jahren verlieren ihren Namen. Aber das Duett von Pamino und Papageno aus der Zauberflöte kann sie auf Punkt und Komma genau aufsagen.
„Die Lieb versüßet jede Plage". Zauberflöte. Ich ahne, sie hat diese Oper geliebt und oft gehört. Einzelne Worte haben sich eingeprägt. Sie liegen wie ein Schatz in der Seele und im Gedächtnis. Die Gegenwart mag in ihrer Bedeutung zurücktreten, Lebensworte aber behalten ihr Gewicht. Sie trösten. Je mehr ich mich hineindenke, was ich bei dem Besuch der alten Dame erlebt habe, desto mehr bewegt es mich.
Ich erinnere mich an meine eigene Erfahrung: Eine kleine Operation vor ein paar Jahren, ein winziger gutartiger Tumor im Arm, aber ein Eingriff mit Vollnarkose. Ich habe mächtig Angst. Am Abend davor sage ich auf, was sich mir über die Jahre eingeprägt hat. Es sind Worte aus Psalm 139: „Herr, du erforschest mich und kennest mich. Ich sitze oder stehe auf, so weißt du es. Du verstehst meine Gedanken von ferne."
Ich ahne: Wenn meine eigenen Kräfte, meine Wahrnehmung der Gegenwart, einmal geschwunden sein wird, dann wird da etwas sein, was mir niemand nehmen kann, wie ein Lebenswort aus der Bibel, aus der Literatur, aus einer Oper.
Eins davon, denke ich, genügt dann schon. So eins wie: „Die Liebe, sie würzet unsere Lebenstage" Es ist gewiss nicht ohne Grund, dass die 92jährige sich gerade an dieses Wort erinnert, als die Gemeindeschwester sie vorsorgt hat.

Was ich am Ende brauche ...

Sie ist 93 und zieht noch einmal um. Sie hatte sich lange allein in ihrem Haus helfen können. Jetzt aber geht es nicht mehr. Sie zieht ins Altenheim, von der gewohnten 90 qm Wohnung ins 19 qm große Zimmer. Ihre vier Kinder helfen beim Umzug.

„Nein, die alten Fotos brauche ich nicht mehr", sagt sie. Sie haben dort immer an der Wand gehangen und sie begleitet. Jetzt ist nicht mehr genug Platz für sie. „Das Bild von meinem Mann, das nehme ich mit." Die handgestickten Decken? Brauche ich nicht mehr. Bücher? Brauche ich nicht mehr. Habe ich alles im Herzen. „Meine Bibel, die nehm ich mit, auch wenn ich sie nicht mehr lesen kann."

Nun lebt sie seit drei Monaten im Altenheim. Es geht ihr gut. „Hier bleib ich", sagt sie, „vermietet doch jetzt mein Haus." Daraufhin treffen sich ihre Kinder letztes Wochenende. Schon mal vorsortieren, bevor alles geräumt wird. „Ich hätte gerne das eine Buch vom Vater", sagt die Jüngste, „und ich nehme das Bügelbrett, unser eigenes sieht ziemlich schäbig aus." Und die alten Fotos von der Wand, die vielen Alben? „Du bist die Älteste, bei dir bewahren wir sie auf." „Ich weiß noch nicht", antwortet sie. „Die Decken, ja die sind sehr kostbar. Willst du sie nicht mitnehmen?", fragt die Jüngste den Zweitältesten. „Wir sind doch selber alle schon über 60. Bald müssen wir auch runter von 150 auf 19 qm, wohl etwas früher als unsere Mutter."

Sie einigen sich darauf, wer was mitnimmt. Die alten Sachen der Eltern sind sehr wertvoll, aber wenn der eigene Raum für einen selbst enger wird, ist das alles nicht mehr so wichtig.

Als Schwiegersohn bin ich die ganze Zeit dabei und es bewegt mich sehr. Ich werde ganz still und nachdenklich. Was brauchst du eigentlich noch, wenn du alt bist und der Platz kleiner geworden ist? Schränke, viele Bücher, den großen Tisch? Ich glaube nicht. Bilder, wertvolle Decken, Silberbesteck? Da hängen viele Erinnerungen dran. Aber ich brauche sie nicht wirklich.

Was ich am Ende brauche, das ist ein Mensch, das sind Menschen, die mir verbunden bleiben.

Das sind Erinnerungen. Erlebnisse und Bilder im Herzen aus jüngster oder vergangener Zeit. Das, was wirklich wichtig ist.

Das braucht nicht mal 19 qm Platz. Es braucht so viel Raum wie mein Kopf und mein Herz groß sind.

Dement – und unvergessen ...

„Wer sind Sie? Was wollen Sie?", sagt er zu seinem Sohn. Georg kann es immer noch nicht fassen, als er seinen Vater im Altenheim besucht. Vater ist dement. Langsam kam es angeschlichen vor gut zwei Jahren. Seit Mutter gestorben ist, ist es schlimmer geworden. „Vater, ich bin es doch. Ich möchte dich besuchen". „Wer sind Sie?" – „Ich bin es, Vater. Georg, dein Sohn." – „Georg? Sohn?" Er bleibt noch eine Zeit an seiner Seite. Vater döst, ein schweres Buch in seiner Hand ist auf seinen Schoß gesunken. Schwer auszuhalten, denkt Georg. Vater war einmal ein so stattlicher und kluger Mann. „Ich muss jetzt gehen, Vater". „Wohin gehen Sie?" Als er an den Alten, den Immergleichen, im Foyer vorbei ist, atmet er tief durch. Frische Luft. Ich werde ihn weiterhin regelmäßig besuchen.

Zuhause erzählt er. „Ich will nächstes Mal mit zu Opa", sagt Paula. „Opa ist krank." „Krank?" „Ja, Opa ist müde im Kopf." „Ich will mit. Ich kann ihm ja was vorsingen aus dem Kindergarten. Ich kann ihm meinen großen Ball zeigen. Ich kann mit ihm spielen."

Paula geht das nächste Mal mit. „Du hast es aber schön hier, Opa", sagt sie. „Hier, mein neuer Ball". Sie rollt den Ball auf Großvater zu, der sich von seinem Sessel nach vorn beugt und den Ball zurückgibt." „Komm, Opa, wir spielen."

Er legt sein Buch ab, steht auf und schießt den Ball vorsichtig zurück. „Ich will eine große Fußballspielerin werden", sagt Paula. „Ja, Anna", antwortet er. Er war gewohnt, seiner Frau Anna immer zuzustimmen. Vater scheint nur versunken ins Vergessen, denkt Georg. Er und Mutter haben eine gute Zeit gehabt. Opa nimmt sein dickes Buch, setzt sich an seinen Schreibtisch. „Was machst du da, Opa?" „Ich muss ein großes Buch schreiben, Anna." „ Dann Tschüss, Opa, ich besuch dich bald wieder."

Kann auch ein Weib ihres Kindleins vergessen, so werde ich dich niemals vergessen. Siehe, spricht Gott, in die Hände habe ich dich gezeichnet. Worte des Propheten Jesaja.

Umarmt und fest gehalten

„Du musst deine Knie ganz fest vor meine Knie stellen, damit ich nicht wegrutsche", sagt sie zu ihrem Mann. Sie ist gerade aus dem Krankenhaus zurück. Nach einem schönen Abend war es passiert, ihr wurde plötzlich schlecht. Nächsten Morgen zum Arzt. Sofort ins Krankenhaus, sagte er. Verengte Adern war die Diagnose. Dann OP an der Halsschlagader, ein Gerinnsel löste sich, Schlaganfall, rechtsseitig gelähmt. Sie konnte noch alleine gehen, als sie vor sechs Wochen das Haus verließ.

Jetzt ist sie im Rollstuhl zurückgekehrt. Ihr Mann übernimmt sie vom Fahrer des Krankenwagens an der Wohnungstür und schiebt den Rollstuhl neben ihren vertrauten Sessel in der Stube. Da will sie sitzen.

Er stellt seine Knie ganz fest vor ihre Knie und zieht sie langsam hoch. Da steht sie nun vor ihm, eine Weile, sie halten inne. Er hat sie umarmt und hält sie fest.

Es ist fast wie bei der erstem Umarmung, nur dass sie damals fest auf eigenen Beinen stand. Als sie ihre Liebe entdeckten, nach vier Wochen die erste Umarmung. Körper an Körper. Er hatte ihren Bauch gespürt, wie sie atmete, weich und lebendig. 55 Jahre sind sie verheiratet. Mit Umarmungen haben sie nie gegeizt. Wenn er morgens zur Arbeit ging, eben umarmen in der Tür. „Mach`s gut, bis heute Abend."

Als sie nach dem ersten Kind aus dem Krankenhaus kam, umarmten sie einander glücklich. Im Urlaub, lange Spaziergänge am Strand, eben anhalten und umarmen. Sie sind miteinander alt geworden – jetzt sind sie beide 82.

„Du musst deine Knie ganz fest vor meine Knie stellen." Er zieht sie behutsam hoch, da stehen sie wie umarmt. Dann in Zentimeterschritten zur Seite zu ihrem Stuhl. Langsam lässt er sie liebevoll aus seiner Umarmung in den Stuhl sinken.

Die Liebe höret niemals auf.

Ich bleibe bei Dir

Seit sechs Monaten liegt sie nun schon zu Hause krank im Bett. Schlaganfall, linksseitig gelähmt, das Sprechen wird immer schwieriger.
Aber er will sie nicht ins Heim geben. Ein ganzes Leben war sie für mich da. Jetzt sollte ich nicht für sie da sein?
Die Tochter aus der Ferne schaut hin und wieder für einen Tag rein, völlig aufgekratzt.
„Ich muss ernsthaft mit dir reden, Vater." – „Willst du wirklich ernsthaft reden?" „Ja". – „Willst du sie zu dir nehmen?" Sie schweigt.
Die Krankenschwester kommt täglich morgens und abends und hilft. Die meisten Zeit ist er mit ihr allein.
Manchmal wird es unerträglich. Aber er hält durch. Er singt mit ihr „Hänschen klein". Mühsam formt sie die Worte, es geht immer besser. „Hänschen klein".
Dann wieder schreit sie die ganze Nacht „Mama, Mama" oder „Hilfe, Hilfe".
Er will nicht wahr haben, dass es zu Ende geht. Er öffnet den Schrank, hält ihr das Kleid ihrer ersten Liebe vor Augen. „Weißt du noch, wir haben getanzt." Aus dem Gemurmel ihrer Antwort hört man, dass sie verstanden hat. Sie lächelt. Erinnerungen, schön und bitter in dieser Stunde. Es darf nicht zu Ende sein. Aber sie will nicht mehr.
Er reicht ihr die Schnabeltasse. „Du musst trinken. Sonst wirst du sterben." Er drückt ihr die Tasse in den Mund, sie presst die Lippen zusammen. Er zwingt sie, das Wasser läuft aus den Mundwinkeln, sie prustet und spuckt ihn mit Absicht an.
Er schlägt ihr ins Gesicht. Und ist entsetzt – „Verzeih mir bitte." Er ist erschrocken über sich und sitzt lange schweigend an ihrem Bett. Hatte er sich zu viel zugemutet die ganze Zeit?
Die Tochter hatte schon gleich am Anfang gesagt: „Du übernimmst dich."
Er will es nicht wahrhaben. „Verzeih", sagt er, „bitte, verzeih mir, bitte, bitte, verzeih mir. Du musst doch trinken, Martha. Ich bleibe doch bei dir."
Die treu sind in der Liebe, werden bleiben.

Wo ich Zuhause sein kann

„Bringen Sie mich heim?", sagt der alte Herr zu meiner Schwiegermutter. Und dann hakt er sich bei ihr unter und sie führt ihn bis an sein Zimmer. Sie wohnen Tür an Tür in dem schönen Altenwohnheim. Sie nimmt seinen Schlüssel, schließt sein Zimmer auf, er fasst um den Türrahmen, findet den Lichtschalter, macht das Licht an. Dann sieht er das Foto seiner Frau auf dem Fernseher und geht allein in sein Zimmer zur Nacht. Sie führt ihn gerne, er ist sehr nett, aber seit Monaten findet er sich immer weniger allein zurecht.

Meine Schwiegermutter ist selbst schon über 90, vergisst schon manches, aber Orientierung hat sich noch.

„Bringen Sie mich heim?", sagt er neulich wieder zu ihr nach dem Abendbrot. Er hakt sich unter, sie schließt seine Tür auf, er fasst zum Lichtschalter, aber findet ihn nicht. „Das ist nicht mein Zimmer." sagt er ein bisschen enttäuscht. Sie macht das Licht für ihn an.

„Nein, wer steht denn da auf dem Fernseher", fragt er verwirrt. „Das ist nicht meine Frau. Sie haben Ihr Versprechen nicht gehalten. Sie haben mich nicht heimgebracht", sagt er nun schon entrüstet. Sie bringt ihn hinein und spricht ihm gut zu. Das Foto seiner Frau steht wie immer auf dem Fernseher.

Da hat ein alter Mensch vor einiger Zeit sein Zuhause aufgegeben, ist aus Vernunft ins Altenheim gegangen und wird dort sehr gut versorgt. Er hat sich gut eingelebt und ist zufrieden. Sein Leben hat sich auf wenige Quadratmeter und letzte wichtige Dinge eingeschränkt. Und plötzlich ist dieser kleine Raum auch nicht mehr sein Heim. Alles ist fremd geworden.

Was bleibt Dir als Zuhause, wenn du selbst dein letztes Zimmer nicht mehr wiederfindest?

Mir bleiben die Erinnerung und der Glaube.

Ich möchte so leben, dass ich gute Erinnerungen habe und einen festen Glauben.

Ich lese jeden Morgen die Losungen der Bibel, spreche mit meiner Frau das Vater Unser und wir singen ein Lied.

Ich hoffe, das prägt sich ein – und ich habe dann ein Zuhause, wenn ich mein Zimmer nicht wiedererkenne. Hoffe, ich werde ein Zuhause behalten in meinem Glauben, in meinem Herzen. Ich hoffe, ich werde bleiben im Hause des Herrn immerdar.

Herbert Grönemeyer und ein schwieriger Weg

Herbert Grönemeyer ist einer der bekanntesten deutschen Sänger. Ich bin ein großer Fan seiner Lieder. Sein Lied „Der Weg" gefällt mir sehr: *„Ich kann nicht mehr sehen. Trau nicht mehr meinen Augen. Kann kaum noch glauben. Gefühle haben sich gedreht. Ich bin viel zu träge, um aufzugeben."*
Kann kaum noch glauben. Bin zu träge, um aufzugeben. Grönemeyer hat seine Frau verloren. Sie ist Mitte 40 an Krebs gestorben. Sie war eine starke Frau. Die beiden haben sich sehr gemocht. Nun beschreibt er in seinem Lied den Weg seiner Trauer. „Kann kaum noch glauben." Was ist der Sinn dieses Todes? Ich bin so fertig, ich habe nicht mal die Kraft aufzugeben. Als er die völlige Erschöpfung beklagt hat, denkt er an die Monate ihres Sterbens. Wir haben gegen den Tod gekämpft. „Wir haben versucht, auf der Schussfahrt zu wenden", singt er. „Wir haben die Wahrheit, so gut es ging, verlogen", singt er.
Der Sänger Herbert Grönemeyer findet Worte wie in einem Psalm. Dann denkt er an die guten Tage. Bilder voller Liebe findet er. „Du hast jeden Raum mit Sonne geflutet. Hast jeden Verdruss ins Gegenteil verkehrt." Und immer wieder der Refrain „Das Leben ist nicht fair."
Keine bittere Anklage, die das Leben schlecht macht. Keine Beschönigung. Eine Wahrheit ist das. Eine Traurigkeit, die aus dem verlorenen Kampf mit dem Tod kommt. Mancher mag das mitsprechen können, weil er in diesen Tagen an einen verlorenen Menschen denkt.
Grönemeyer sieht am Ende seines Liedes eine Zukunft für sich. Ich gehe nicht weg, hab meine Frist verlängert. Was ihn trägt, ist die lebendige Gegenwart seiner Frau in seiner Erinnerung: „Habe dich sicher in meiner Seele. Ich trag dich bei mir, bis der Vorhang fällt."

DU STELLST MEINE FÜSSE AUF WEITEN RAUM

Der Rucksack ist gepackt

Der große lila Rucksack ist gepackt. Mehr als 20 Kilo darf er für den Flug nach Indonesien nicht wiegen. Unsere älteste Tochter bereitet ihre Abreise für ihren Friedensdienst im fernen Asien vor. Sie wird für anderthalb Jahre freiwillig gegen Taschengeld als Juristin in einer Menschenrechtsgruppe arbeiten. Was soll sie mitnehmen?

Meine Frau setzt sich zu ihr auf den Teppich in ihrem Zimmer. Katrin öffnet nach und nach alle Seitentaschen, zeigt ihr den Inhalt und erklärt, warum sie was mitnimmt. Plötzlich streckt sie ihrer Mutter die geschlossene Faust entgegen: „Da, schau mal!" Langsam öffnet sich die Hand: „Dein Hausschlüssel?", fragt Mutter erstaunt. Bevor sie einwenden kann: „was willst du mit dem in Indonesien?" erwidert Katrin energisch: „Der kommt mit. Auf jeden Fall!" „Und wenn Du ihn verlierst am anderen Ende der Welt?" „Dann ist das Pech, aber nicht gefährlich für Euch. Ist ja weit weg. – Aber wenn ich weg gehe, brauche ich ganz einfach das Gefühl, dass ich jederzeit nach Hause kommen und die Tür aufschließen kann", sagt sie. „Reinkommen ins Haus, einfach so!" Mutter nickt, wortlos sieht sie zu, wie der Schlüssel in dem kleinen Fach verschwindet.

Katrin macht sich auf in ein fernes und fremdes Land. Sie kann nur gehen, weil sie ein Zuhause hat. Vielleicht wird sie den Schlüssel ab und zu in der Fremde in die Hand nehmen. Leicht wird er sich anfühlen. Er wird bei den Schritten im unbekannten Land immer dabei sein.

Nach vier Wochen schreibt sie, sie sei krank geworden. Heiß ist es in Indonesien. Das Schwitzen ist sie nicht gewohnt. Sie hat sich einen dicken Infekt eingefangen. „Aber es geht mir schon besser", schreibt sie, „der Schlüssel hat die ganze Zeit neben mir gelegen."

Und sie kennt noch einen anderen Schlüssel, ein Wort aus der Bibel: „Gutes und Barmherzigkeit werden mir folgen mein Leben lang". Aus Psalm 23. Darin steht auch eine Tür immer offen. „Und ich werde bleiben im Hause des Herrn immerdar."

Friedensdienst für Ljuba

Wenn Ljuba das Haus verlässt, dann rennt sie zum Tor so gut sie kann. Ljuba ist körperlich und geistig behindert. Aber das Tor nach draußen zieht sie an. Sie will unbedingt in die Kirche, die sie von ihrem Zimmer aus sehen kann. Die blaugoldenen Türme der orthodoxen Klosterkirche blitzen verlockend in der Sonne. „Kirche", ruft sie. „Kirche". Aber Ljuba darf das Gelände nicht verlassen. Sie ist eines von 200 Kindern im Behindertenheim in Minsk, in Weißrussland.

Begleitet wird Ljuba von Anne. Sie kommt aus Deutschland. Anne macht dort ihr Freiwilliges Soziales Jahr – Friedensdienst im Ausland mit „Aktion Sühnezeichen Friedensdienste". Die Idee: Junge Menschen gehen in Länder, die im Zweiter Weltkrieg unter den Deutschen gelitten haben und tun einen sozialen Dienst. Christen haben Aktion Sühnezeichen nach dem Krieg gegründet. Junge Deutsche bringen Frieden. Wie Anne, 62 Jahre nach Kriegsende.

Anne hat sich eine der härtesten Aufgaben ausgesucht. Mit Behinderten arbeiten in einem völlig fremden Land. Und in einer fremden Sprache, die sie erst lernen musste: Russisch.

Nun ist sie schon seit sechs Monaten in Minsk und betreut die behinderte Ljuba. Seit acht Jahren ist Ljuba in dem geschlossenen Heim, die Klosterkirche nebenan hat sie nie von innen gesehen. Nun steht sie vorm Tor und ruft: „Kirche, Kirche." Was tun?

Anne darf nicht mit ihr raus. Die Heimleitung hat es verboten. Stattdessen geht Anne mit Ljuba zu der Ikone an der Hauswand. Maria mit dem Kind ist darauf zu sehen. Ljuba zeigt aufgeregt dort hin. Anne hebt sie hoch. Ljuba küsst die Ikone und fuchtelt mit den Armen. Anne soll sich auch bekreuzigen, heißt das.

Als sie zurück ins Haus soll, spuckt und schreit Ljuba. Anne versteht sie. Zurück in ihre Welt, in den schlechten Geruch, in die Geschäftigkeit der Pflegerinnen – das fällt schwer. Wenn Ljuba bald wieder rufen wird: „Kirche, Kirche", wird Anne wieder mit ihr zur Ikone gehen ... – Friedensdienst einer jungen Deutschen in Weißrussland.

Ein Stück Himmel im blauen Haus

Das ist das blaue Haus, sagen sie in Ariquemes, in der jungen, großen Stadt am Rande des Urwalds in Brasilien. Es ist blau gestrichen, die kleine escola para vida, die Schule des Lebens, für die Straßenkinder der Stadt. Die Evangelische Kirche Brasiliens trägt das Haus, Freunde aus Hermannsburg unterstützen es. Die Kinder werden dort unterrichtet in Musik, Gartenbau, Hygiene und Nachhilfe in den Grundfächern.

Rodrigo ist einer von ihnen gewesen. Fast 15 Jahre alt ist er, über 1,90 m groß, breit wie ein Kleiderschrank. Die Sozialbehörden hatten ihm den Platz in der Schule angewiesen. Sie waren auf seine Familie aufmerksam geworden, als sein Vater in den Knast kam, und sie feststellten, dass seine Mutter als Prostituierte unter den Minenarbeitern lebte. Rodrigo hatte mit Schuhe putzen, Autos hüten und kleinen Diebereien überlebt.

Völlig verwahrlost kommt der große Kerl in die escola para vida, reißt gleich die Eingangspforte ein, prügelt einen kleineren Jungen bei der Essenausgabe blutig. „Du hast eine Woche Probe, zu zeigen, ob du hier bleiben kannst", sagen sie zu ihm. Aber das beeindruckt ihn nicht. Beim Haare schneiden fasst er den Lehrerinnen an die Brüste. Was er sonst noch anfasst, macht er kaputt. Er muss die Schule verlassen.

Einige Wochen später steht er wieder vor der Tür, völlig heruntergekommen. Malaria. Was nun? Seine Mutter will ihn nicht haben, ihre Freundin nimmt ihn auf. Die Lehrerinnen besorgen die Medikamente. Bald ist er gesund. Er hat sich mit seiner Mutter arrangiert, sie macht Eis, er verkauft es auf der Straße für einen Hungerlohn. Doch immer wieder kommt er mit seinem Eiswagen an der escola vorbei. Bis er einmal freundlich bittet, reinkommen zu dürfen.

„Ich möchte bei Euch sein, habt Ihr nicht eine Arbeit für mich. Ich putze auch die Klos." – „Nein, eigentlich nicht." Rodrigo hat gespürt: Die hier zeigen mir meine Grenzen, aber sie wenden sich mir auch zu. Sie gehen das Wagnis mit ihm ein. Rodrigo kommt zweimal die Woche wie verabredet, fegt und putzt den Hof. Wenn er die Kinder ihre biblischen Lieder singen hört, schneidet er unter ihrem Fenster den Rasen. Er ist noch lange kein Engel geworden, aber wenn er in der escola ist, ist es gut. „Ich möchte einfach nur bei Euch sein dürfen", sagt er: „In Euerm blauen Haus ist ein Stück Himmel für mich."

Benevidis kann nichts Böses tun

Ein Jahr lang hat Katrin nach ihrem Abitur in der escola para vida, der Schule des Lebens, gearbeitet. Das ist eine Schule in Ariquemes im Nordwesten Brasiliens. Hundert Kinder aus dem Viertel der Ärmsten lernen hier Musik, Gartenbau und Hygiene, hören Geschichten aus der Bibel. Sie hat dort freiwillig und unentgeltlich gearbeitet. Vor kurzem ist sie heimgekehrt.

Katrin, schon als du in unserem Jugendkreis warst, hast du erzählt: In Ariquemes, da will ich einmal ein Jahr arbeiten ...

Ja, ich wollte einmal etwas anderes erleben und besonders gefordert sein.

Das warst du dann ja auch.

Das stimmt. Menschen fordern immer und haben mich gefordert. Wenn Frauen und Kinder um ein erträgliches Leben in Mitten von schmutzigem Trinkwasser, Würmern, Läusen und offenen Wunden kämpfen, mit geringer Chance auf Bildung, kaputten Beziehungen, dann wächst einem das alles ans Herz. Einige beschäftigen einen aber immer besonders, wie zum Beispiel Benevidis. Ein ganz schwieriger Kerl, skrupellos, aggressiv, ohne Sinn für Gut und Böse, einfach durch das geprägt, was er schon erlebt hat. Und zwar hat sein Vater jemanden vor seinen Augen mit dem Buschmesser erstochen. Eigentlich wollte er nur den ältesten Sohn in einem Streit beschützen. Der Vater kommt ins Gefängnis. Die Familie zieht in die Slumviertel der Stadt. Das Sozialamt wird auf sie aufmerksam, Benevidis kommt zu uns. Er ist unter den anderen Jungs unerträglich. Eines Mittags kommt seine Mutter, sie bittet uns um ein Glas Wasser. Bevor sie geht, sagt sie: „Gestern Abend – vorm Schlafen gehen – sagte Benevidis zu mir: Mama, in der Escola ist es unmöglich, etwas Böses gegen die Lehrerinnen zu tun. Die sind so gut, da fehlt einem der Mut, sie zu verletzen.

Der ist ja plötzliche reifer als mancher Erwachsener ...

Ja, das stimmt. Trotzdem war ich manches Mal ziemlich verzweifelt in all dem Elend. Aufgeben wollte ich jedoch nie. Solche Erlebnisse wie mit Benevidis haben mir immer viel Mut gemacht, weil sie zeigen, dass es in einer schwierigen, verfahrenen Situation immer noch die Chance zur Veränderung gibt. Einfach durch die Liebe, die die Kinder von mir gebraucht und gefordert haben. Und durch Gottes Liebe, die für alle spürbar war.

Vater, es geht nicht mehr!

Sie ist eine starke Frau. Und das mit 23 Jahren. Ihre Eltern waren aus der Gegend von Ankara in die Kleinstadt zwischen Hamburg und Bremen gezogen, als sie noch nicht geboren war. Vater hatte sich mit einem kleinen Laden eine Existenz aufgebaut. Sie war ein schönes Kind: schwarze Haare, dunkle Augen. Fatima. Sie ging in den evangelischen Kindergarten, Grundschule, lernte Blockflöte. Übersetzte ihrer Mutter, wenn sie im Rathaus die neuen Papiere beantragte. Gymnasium, Abitur. Etwas scheu saßen ihre Eltern bei der Entlassungsfeier hinten in der Aula.

Ich will Psychologie studieren, eröffnete sie ihrem Vater hinterher. „Nein, du heiratest Muhamad und kriegst Kinder." „Nein, Vater, das kann ich nicht, nie, niemals!" Zwei Welten prallen aufeinander. Sie liebte ihren Vater, der manchmal so hilflos sein konnte, aber sich so sehr um sie gesorgt hatte. Sie durchschaute alles, die verschiedenen Kulturen, die Religion mit ihren Traditionen. Den Lammbraten würde sie kochen wie ihre Mutter.

Aber studieren wollte sie unbedingt, eine selbstbewusste Frau sein, die in dieses Land passt. Endlose Diskussionen zu Hause. „Du tust, was wir dir sagen." Nein, es geht nicht mehr. Das wird ihr bewusst. Es hilft nichts, sie muss gehen. Mutter schaut sie hilflos und traurig an. Sie zieht zu einer Freundin, studiert Psychologie, finanziert ihr Leben mit Arbeiten in der Kneipe. Sie besucht ihre Eltern regelmäßig, Vater versteht sie nicht. „Du musst nach Hause kommen." „Nein, Vater. Es steht nicht im Koran, was du von mir verlangst."

Sie studiert weiter, im Hörsaal fällt sie auf. Und sie sagt: „Ich liebe meinen Vater, aber ich muss meinen eigenen Weg gehen. Irgendwann wird er das verstehen."

In der Bibel steht: „Und ich sah einen starken Engel und er half mir."

Fatima hat ihren Platz gefunden

Heiligabend. Am Morgen steht sie vor meiner Tür. Fatima, die junge türkischstämmige Mutter. Sie überreicht mir einen Blumenstrauß. Ich konnte ihr in den letzten beiden Jahren einige Male helfen. Schon vorletzte Weihnachten hatte sie uns ein türkisches Gericht gekocht, eine große Schale Reis mit Huhn und türkischen Gewürzen. „Ich wollte mich bedanken", sagte sie, „frohe Weihnachten für Ihre Familie." Ich freue mich und bitte sie herein. „Was macht Ihr heute, feiern?", frage ich. –„Nein, wir feiern nicht, wir sind einfach zu Hause." „Und Silvester?" –„Da sind wir auch zu Hause in der Familie. Wir trinken keinen Alkohol oder so."

Fatima trägt ein Kopftuch. Seit 15 Jahren lebt sie hier, spricht fließend Deutsch. Ihr Vater musste damals flüchten, weil er als Fotograf Zeuge eines Konfliktes in Kurdistan geworden war. Sein Asyl wurde vor zwei Jahren endlich anerkannt. Er und seine Familie sind Moslems in unserer Stadt, friedlich und nicht sehr religiös.

Aber Fatima trägt ein Kopftuch. Vor zwei Jahren noch nicht. Sie ist 21, volljährig und muss um ihr Asyl und ihre Ausbildung kämpfen. Ihr Mann war ein Taugenichts und ist abgehauen.

Woran kann sie sich halten? Sie erinnert sich an die Tradition ihrer Familie. Den Glauben an Allah, das Zeichen des Kopftuches, das Beten. Sie entdeckt die alten Werte ihrer Kultur. Die Spaß-Kultur, die sie in unserem Land umgibt, erscheint ihr nicht erstrebenswert.

Welche Werte wird eine junge deutsche Frau mit 21 nennen? Kann sie ihre Wurzeln aus der christlichen Kultur benennen? Kann sie im Gespräch mithalten?

Ich glaube, wir sind nicht vorbereitet auf das Gespräch mit den Muslimen. Aber vier Millionen leben mit uns in unserem Land. Ich mag gar nicht daran denken, was passiert, wenn wir nichts mehr wissen von Barmherzigkeit und Toleranz. Wenn uns Worte fremd werden wie Vergebung und Wahrheit. Fatima weiß viel über ihre Religion, den Islam. Ob eine junge deutsche Frau genau so viel weiß über das Christentum?

Fatima übrigens hat endlich ihren Platz gefunden. Sie geht jetzt zum Wirtschaftsgymnasium. Ihre Mutter passt auf die Kinder auf. Jeden Morgen um sieben, wenn ich Brötchen hole, sehe ich sie. Und wir grüßen uns.

Dschihad bedeutet: „Große Anstrengung"

„Heiliger Krieg". Da zieht sich mir alles zusammen. Menschen fallen im Namen Gottes übereinander her. Das ist unvorstellbar. Das darf nie passieren. Und doch wird er immer wieder ausgerufen: „Der Heilige Krieg." Angst und Wut mischen sich bei mir. Wenn Menschen Gott zu Hilfe nehmen, um andere zu töten, wird es immer schlimm. Umso wichtiger, dass wir genauer hinschauen.

Jeder fünfte Bewohner der Erde ist ein Moslem, die meisten von ihnen leben in Indonesien. Haben Sie von dort schon Aufrufe zum Heiligen Krieg gehört? In Deutschland wohnen allein vier Millionen mitten uns. Die wollen keinen Heiligen Krieg. Die wollen einigermaßen gut und friedlich mit uns leben. Die den Heiligen Krieg ausrufen, haben aber eine große Wirkung. Sie jagen uns Angst ein und gefährden unsere Sicherheit. Wie kommen die auf den Heiligen Krieg. Sie können sich auf das Heilige Buch der Moslems berufen, den Koran. „Kämpft auf dem Weg Gottes gegen diejenigen, die gegen euch kämpfen und begeht keine Übertretungen. Gott liebt die nicht, die Übertretungen begehen. Und tötet sie, wo immer ihr sie trefft", steht da im 2. Buch. Das klingt klar und deutlich.

Aber ehe wir uns entrüsten: Unsere Bibel ist im Alten Testament auch nicht frei von Aufrufen zum Töten. Immer geht es um den Glauben, der von anderen bedroht wird. Der soll geschützt werden. Da schlägt Jesus Gott sei Dank andere Töne an. Selig sind die Friedfertigen, sagt er. Darum ist mir auch nicht wohl dabei, wenn die amerikanischen Politiker sich auf Gott berufen. Gott und Krieg, das sind zwei Worte, die niemals zusammengehören.

Ich denke, es geht bei allen Auseinandersetzungen nicht um den Glauben oder Gott. Ich fürchte, das Hauptproblem auf der Erde ist die Armut und der Hunger. Wer nichts zu beißen hat, hat nichts mehr zu verlieren. Manche von ihnen greifen zu den Waffen und benutzen die Religion für ihre Sache. Da liegt das Hauptübel der Zukunft, aber auch die wichtigste Aufgabe unserer Generation. Dazu ist eine große Anstrengung aller verfügbaren Kräfte nötig.

Eine große Anstrengung. Im Arabischen übersetzt heißt das: Dschihad. Nur die Splittergruppen übersetzen das mit Heiliger Krieg. Im Koran meint Dschihad eben nicht einen Kampf mit Waffen. Stattdessen ist „die große Anstrengung" geistlich gemeint und kann sogar Fasten und Beten bedeuten. Das wäre doch was, wenn wir das lernen könnten: in uns gehen im Gebet und fasten. Das meint: miteinander teilen, was wir haben. Warum soll das nicht gelingen? Die Hoffnung habe ich noch nicht aufgegeben.

ZUM ABSCHIED

Der Zug der Wildgänse formiert sich neu

Der alte Gutsherr zeigt mir sein großes Anwesen. Ein Mann wie im Bilderbuch, groß, breitschultrig, volles weißes Haar. Der ganze Körper strahlt Willensstärke und Würde aus. Besonders stolz ist er auf seine Kirche. Sie steht mitten auf dem Gelände des Klostergutes. Hier kann man Wurzeln schlagen und bleiben.

Ich selber bin in meinem Leben schon achtmal umgezogen. Darum bewundere ich dieses gewachsene Leben hier, Ich schaue mich in Ruhe um, als wir plötzlich ein seltsames Gekreische über uns hören. Wir beide richten unseren Blick zum Himmel. Eine große Schar von Wildgänsen zieht von Norden über uns her. Sie fliegen wild durcheinander. Sie haben ihre Formation verloren. „Das ist hier jedes Jahr so", erzählt mir der Gutsherr, „seit sie den großen Sender drüben in der Stadt gebaut haben." Die Elektrostrahlen verwirren den eingeübten Sinn der Wildgänse. Sie verlieren ihre Ordnung.

Aber ehe ich noch weiter ins Nachdenken komme, formieren sie sich schon wieder neu. Eine geht an die Spitze, eine andere schließt sich an und nach und nach zeichnet sich für uns wieder die vertraute Form der Wildgänse am Himmel ab. Eine von ihnen hat die Führung übernommen. So machen sie das immer. Wenn eine müde ist vom Führen, tritt sie ins letzte Glied und eine andere setzt sich an ihre Stelle, bis auch sie sich erholen muss.

Staunend stehe ich da auf dem Gutsgelände und weiß gar nicht, was ich besser finden soll. Hier auf festem Boden stehen, das alte Gut, Verlässlichkeit und Geschichte oder die Bewegung der Zugvögel, unterwegs sein, Zukunft suchen, gemeinsam mit anderen.

In den alten Geschichten der Bibel werden beide Lebensweisen beschrieben und sehr geschätzt. Du brauchst eine Heimat. Du musst wissen, wohin du gehörst. Aber nichts bleibt im Leben stehen. Um mich herum verändert sich ständig was. Ihr seid das wandernde Gottesvolk, heißt es. Da möchte ich gerne dabei sein, ganz egal, ob an der Spitze oder in der letzten Reihe.

Ehe ich mit meinen Gedanken zu Ende komme, ist der Zug der Wildgänse schon fast meinen Augen entschwunden. Sie wissen ihren Weg und haben ein klares Ziel vor Augen. Das hat schon was.

Worte sind wie Brücken
Schritt für Schritt dem Himmel nah

Früher war das so. Der Säemann ging zu Fuß übers Feld,
griff in die Wanne, füllte seine Hände,
holte weit aus und warf den Samen auf das Land.
Großzügig, nicht abgezählt.
Weite Schritte, großer Wurf.
Und dann wartet er auf die Blüte, auf die Frucht.
Manchmal mehr als einen Winter lang. Kalte Zeiten hält die Saat aus.
Viel innere Ruhe und Geduld braucht der Säemann.

Ich schaue auf meinen Acker. Die Wanne war voll, jetzt ist sie leer.
Ich habe ein Leben lang gesät.
Anderen geholfen, gute Worte gesagt, mich eingesetzt.
Die Frucht? Man wird sehen.

In einem Gleichnis hat Jesus das einmal so gesagt:
Viel Saat verdorrt, wird zertreten, vertrocknet in der Sonne.
Aber manche Saat fällt auf gutes Land,
geht auf und wächst und trägt Frucht.
Einiges dreißigfach, einiges sechzigfach und einiges hundertfach.

Gute Worte bringen Frucht. Gottes Worte.
Du musst sie nur über andere regnen lassen.

Heinz Behrends

HEINZ BEHRENDS

Jahrgang 1948, verheiratet, Bauernsohn aus Logaerfeld, Ostfriesland.

Studium der Theologie in Bethel, Münster und Göttingen.

Vikar in Göttingen-Weende. 1975–85 Pastor in Wallensen, Weserbergland (Kirche auf dem Lande), bis 1994 Pastor Marktkirche Hannover (City-Kirche), bis 2000 Pastor in Göttingen-Nikolausberg (Beteiligungskirche). 2001–2014 Superintendent im Kirchenkreis Leine-Solling (Strukturen kirchlicher Arbeit im ländlichen Raum).

Autor im NDR seit 25 Jahren (Andachten, Gottesdienste, Sonntagsgespräche).

Autor seit 30 Jahren für Gottesdienst-Entwürfe, Predigten, Homiletik (ca. 120 Veröffentlichungen).

Meister-Kurs „Predigt" Atelier Sprache Braunschweig.

Referent zu Kirche in der City und im ländlichen Raum.

Vorstand in diversen Stiftungen.

Aufsichtsrats-Vorsitz im Ev. Krankenhaus Weende.

Hobbies: Kochen, Literatur, Politik, Kunst.

gemeinsam gottesdienst gestalten

Die *ggg*-Reihe (*gemeinsam gottesdienst gestalten*) ist eine Praxisreihe für alle, die in Kirche und Gemeinde den Gottesdienst aktiv und kreativ gestalten.

Der Band versammelt rund 125 kurze Andachten, die den natürlichen Jahreszyklus mit den Festkreisen des Kirchenjahres verbinden.
50 Autorinnen und Autoren bieten stärkende und inspirierende Denkanstöße. Die Andachten ermöglichen besinnliches Innehalten: im Kirchenvorstand, im Frauenkreis, im Religionsunterricht oder in der Familie.
Alle Andachten wurden als Rundfunkandachten auf NDR 1 Radio Niedersachsen in der Sendereihe „Himmel und Erde" gesendet.

Jan von Lingen / Peter Büttner (Hg)
Himmel und Erde – Andachten im Jahreskreis

Bd. 10 · 292 Seiten, gebunden mit Lesebändchen
€ 19,90 · ISBN 978-3-7859-0983-6
Lutherisches Verlagshaus

Was ist die Seele?
Kann man Gott beweisen?

Fragen, über die Menschen seit zwei Jahrtausenden nachdenken, bringen der evangelische Pastor Jan von Lingen und der katholische Theologe Andreas Brauns verständlich auf den Punkt. Das Begleitbuch zur gleichnamigen Radiosendung bei NDR 1 Niedersachsen ist lesenswert für alle, denen der Glaube am Herzen liegt.

Jan von Lingen | Andreas Brauns

Noch eine Frage, Herr Pfarrer...

111 himmlische Antworten

Jan von Lingen / Andreas Brauns
Noch eine Frage, Herr Pfarrer ...

240 Seiten • Paperback
€ 14,90 • ISBN 978-3-7859-1020-7
Lutherisches Verlagshaus